教师幸福之道

公彦利　苗成彦　张丽丽　著

南海出版公司
2023・海口

图书在版编目（CIP）数据

教师幸福之道 / 公彦利, 苗成彦, 张丽丽著. -- 海口 : 南海出版公司, 2023.9
ISBN 978-7-5735-0594-1

Ⅰ. ①教… Ⅱ. ①公… ②苗… ③张… Ⅲ. ①教师—幸福—研究 Ⅳ. ①G451

中国国家版本馆CIP数据核字(2023)第159511号

JIAOSHI XINGFU ZHI DAO
教师幸福之道

作　　者　公彦利　苗成彦　张丽丽
责任编辑　李凤君　林丽霞
美术设计　清　风
出版发行　南海出版公司　电话：（0898）66568511（出版）
（0898）65350227（发行）
社　　址　海南省海口市海秀中路51号星华大厦5楼　邮编：570206
电子信箱　nhpublishing@163.com
经　　销　新华书店
印　　刷　河北赛文印刷有限公司
开　　本　710 毫米 × 1000 毫米　16开
印　　张　14.5
字　　数　227千
版　　次　2023年9月第1版　2023年9月第1次印刷
书　　号　ISBN 978-7-5735-0594-1
定　　价　76.00 元

序

教师的职业幸福在哪里

这是一本研究教师职业素养的书，这是一本讨论教师专业发展的书，这更是一本叙说教师人生幸福的书。

教师的价值信念、生命自觉、专业成长、生活方式、教学素养、教育主张、教学研究、价值重建、典型案例，一切的一切，都归结为两个字：幸福！苗成彦先生和他的伙伴们，当行出色，皆为大方之家，积多年践行和研究心得，终成洋洋大著。我才疏学浅，不敢妄加言说，仅就我认为最重要的一点发表感想，聊以为序。

这一点就是：教师的职业幸福在哪里？

教师的职业幸福在高贵的职业尊严里。首先是对自己职业的认同。认为自己的工作有意义，很神圣，很伟大，这一点特别重要。有了这一点，便有了职业的尊严和良心。良心是最高的道德。无数位普通的一线教师，也许工作和生活环境十分糟糕，也许待遇和生活十分勉强艰苦，但为什么能几年甚至几十年如一日的任劳任怨、孜孜不倦，其实最大的定力和动力便是良心和职业尊严。哲人说：“所有对人类幸福的实质性贡献都是有良心的人做出来的。”爱因斯坦和史怀哲这样的人是人类的良知，广大优秀教师也都是教育和社会的良知。也许，只要有了这种职业自豪和自律，人人都能成为圣贤，人人都能成为世界上幸福的人。

教师的职业幸福在良好的职业心态里。有人说，心态平和永远最美，天天快乐才是大富大贵。人生最美妙的境界，就是自己觉得自己很快乐很充实。孟子的智慧就是快乐度人生，苏东坡值得称道的便是“人生无处不青山”的豁达心态。心态是关键。心态可以是天使，让你快乐无限；也可以是魔鬼，让你痛苦不堪。一个大款破产了，一夜之间成了穷光蛋。深夜来到河边欲跳河自杀，突然见到一位少女也正在河边痛哭，便问缘由。少女答，被男友抛弃，没了他，活不下去了。大款说，咦，真奇怪，那以前没有男友时你是怎么活的啊？少女幡然醒悟，不寻死了。反问大款你来干吗？大款醒悟："没有发财前我是怎么活的，我也是白手起家的啊！"于是他自嘲地笑了笑说："没什么，我只是出来散散步！"真可谓，生死悬于一念。幸福和痛苦往往由心态决定。如何帮助教师调整心态，减轻心理负担，提高幸福指数，是我们应该思考的命题。

教师的职业幸福在优秀的职业成就里。特别重要的是生命价值的自我实现。"长期以来，我们比较重视教师的社会价值，对教师自身的个体价值重视不够，不考虑教师自我价值的实现，不关注如何让教师在日常的教育生活中找到自己的尊严和快乐……"帮助教师取得职业上的成就，首先是开发他们研究创造的潜能。创造，永远是幸福之源。而人云亦云，照搬照抄，不断重复别人重复自己，使教育沦为简单的体力劳动，教师职业的成就感和幸福感便无从谈起。米哈里·契克森米哈伊曾说过："人类最美好的时刻，通常是在追求某一目标的过程中，把自身实力发挥得淋漓尽致之时。"好教师，幸福的好教师，最重要的人格特征是热情和创造力。六十多年来，美国每年评选出一位全国好教师，每年四五月份，这位从全国公立学校300万教师中选出的代表，来到白宫接受总统亲手颁发的"国家年度教师奖"。赴华盛顿参加颁奖仪式的年度教师曾自发组织起来，讨论优秀教师的共同品质。头脑风暴的结果，排在最前面的两个词是"热情"和"创造"。

教师的职业幸福在丰富的职业生活里。一个理想的好教师，一个幸福的好教师，做不到多才多艺，至少也应该是特别热爱生活，拥有特长爱好和良好的生活情趣。比如，教师应该是"追星族"，追名师、大师也好，追明星大腕儿也可，反正不能是一个枯燥乏味的人。无聊是文明的大敌。没有爱好特长和生活情趣一定是为师之大忌。中国古典文学学者唐圭璋，1922年考入东南大学（今南京大学）中文系，师从吴梅。吴师上课，总携长笛一支，将词牌曲谱一一吹唱，声情并茂，挥洒自如。吴师的箫笛昆曲，影响了学生。唐圭璋后来上课，也往往一支长笛，即兴吟唱或吹奏词曲，成了学校也是中国教育界的一段佳话。我一向以为，教师最重要的职业素养之一是艺术素养。尼采说：“生活中没有音乐是一种错误。”教师不爱艺术，特别是音乐，就很难让学生真正喜欢你，就很难让自己成为一个有魅力的教师，职业生活的幸福指数也一定会大打折扣。爱因斯坦说“人的差异在业余”。也许，正是因为爱因斯坦喜欢很多物理学之外的东西，比如音乐，他才成了爱因斯坦。

什么是教育？教育就是创造幸福的事业。教育的本质是让人拥有幸福，而首先教师得拥有幸福！

高万祥

写于南京江宁合家春天

前言 做一个幸福的教师

幸福是个古老而神圣的话题。苏格拉底把幸福与智慧联系了起来，十分强调智慧和知识在人们获得幸福中的重要作用。柏拉图则认为，幸福只不过是“善”的理念。亚里士多德则把德行看成幸福的重要组成部分，认为“幸福就是某种德行”。伊壁鸠鲁对幸福的阐述更为丰富直接，他认为“幸福是一种快乐的体验”。弗洛伊德认为，幸福来自本能，是人们本能的满足。阿德勒则把幸福感同生活的意义联系起来。在我国，人们对幸福的讨论重点在个人与集体的关系上。孔子曰：“学而时习之，不亦说乎？有朋自远方来，不亦乐乎？”孟子有“三乐”，其中一乐是“得天下英才而教育之”。范仲淹倡导“先天下之忧而忧，后天下只乐而乐”。这些贤哲前仆后继的对幸福的真义进行了千年的卓文，给我们后人许多启示。

一、教师是需要幸福的人

这是由教师的劳动特点决定的。

教师是一种知识转化与智慧增值的职业，是一种心灵浸润与人性化育的职业。教师的幸福是教师在教育工作中自身需要得到满足后的一种感受，是教师在自己的教育工作中自由实现自己职业理想的一种教育主体生存状态。

教育是需要情感投入的事业，教师在为学生的健康成长投入大量的时间、精力，同时也付出了很多感情。但付出与回报是不可分割的整体，只求回报不愿付出会使人贪得无厌，变得自私而狭隘，没有回报的付出则会让人筋疲力尽，丧失继续付出的动力和勇气。有研究表明，教师们开始感受到他们的职业带来的回报越来越少时，就会产生消极的情绪和态度，表现为性急易怒、无助、缺乏热情，工作中投入的精力也开始变少。

只有幸福的教师才能培养出幸福的学生。教育的事业是一种基于生命、为了生命、促进生命成长的事业，教师职业的特殊就在于它天天要跟成长中的人进行富有教育价值的交往和对话，它见证着、影响着、推动着人的生命成长。如果教师本身就不幸福，就难以培养出幸福的学生。

二、教师幸福感缺失的深层根源

教师是一种社会角色，肩负着一定的社会责任和历史使命，这种工作特性决定了教师幸福的源泉：一是来自教育教学的工作，二是来自学生的成长和发展，三是来自个体的专业发展，四是来自教师的教育研究，五是来自和谐的学校生活。

“此生归路愈茫然，无数青山水拍天”是苏轼处境茫然、迷茫的表征，长期从事一线教学的广大教师们也不时地产生这样的心情，从而体会不到职业幸福感，甚至产生职业倦怠。教师幸福感缺失的根源，除了社会、组织、职业等外部环境影响之外，还有其自身缺乏自主发展的意识和能力，缺乏持久发展的动力等深层根源。

（一）教师发展的生命意识缺失

教师发展包括作为“师”的专业发展和作为“人”的生命发展。教师发展首先是作为“人”的发展，其次才是作为“师”的发展。一方面，教育工作的社会性决定教师是有益于别人的职业，教师的责任有多大，压力就有多大。很多教师在教育工作中逐渐迷失了自己，失去了主动发展的意识。另一方面，教育工作的工具性只看到教育的外在价值，看不到教育本身的内在价值。一个体会不到教育过程愉悦和幸福的教师，如何让学生幸福成长？

（二）教师发展的德育专业化缺失

教师发展应该是教师专业与生命和谐发展的完美统一，是教师实现职业幸福的源泉所在。现实中，很多一线教师疲于应付繁忙的日常工作，失去了追求发展的主动性和创造性，成了不折不扣的“教书匠”。

教育永远是一项育人的事业。这就决定了教师的专业发展既有教学专业化的发展，也有德育专业化的发展。现实中，大部分教师只关注教学专业化的发展，而忽略了德育专业化的发展，导致个体一直在“匠师”层面徘徊，实现不了教师专业的完满和谐发展。

这种缺失了作为一个人生命自觉的教师发展，和缺失了作为一个职业人的专业发展，导致教师在追求幸福的路上要么浅尝辄止，要么无所适从，始终找不到教育的幸福感，更谈不上享受幸福了。

三、教师实现职业幸福的实践路径

（一）崇高的教育理想是教师职业幸福实现的动力

教育理想是一个教师追求职业幸福的动力和出发点，确立崇高的教育理想是每一位教师实现其职业幸福的首要任务。如果一个教师没有把教师职业作为其理想，那么他的职业生活就缺少了动力。即使他付出一定的汗水和努力，也很难感受到教书育人的快乐。教师的职业幸福往往产生于教师为之奋斗的征途中，教育理想越崇高，其为达到目标而奋斗的意志与毅力就越坚强，在前行的道路上所体验的幸福就越深刻。

（二）正确的教育观念是教师职业幸福实现的源头

有学者认为，幸福就是对自身价值观念的一种追求。为什么有的教师感到不幸福？原因是有些教师的观念和心态有问题。虽然教师职业幸福的获得需要一定的外界条件，但更重要的是教师自己的感受和生活态度。从事职业以及获得职业成功和职业成就，不只是为了求生存，而是为了求发展、求享受、求幸福，是为了自我实现，是为了完成自己作为人的使命。

（三）完整的专业发展是教师职业幸福实现的阶梯

一位合格的教师不仅是懂得教知识、练能力的教师，而且也是懂得将“人性”和“道德”弥散在自己的教学行为和日常行为中的教师。培养优秀学习者品格的教师，才是一名真正的师者。学校不仅要关注课程与教学，更要关注教师的人文精神、道德修养、工作热情和抗挫能力。唤醒教师发展的专业自觉，学校要营造积极向上的教育文化，对教学进行审美化改造，全面建设文化的课堂、文化的校园，从而实现教育的文化自觉，实现教师发展自觉与幸福自觉的生命境界的圆满统一。

（四）良好的工作氛围是教师职业幸福实现的保障

一所学校，不仅要对学生的成长负责，也要为学生的幸福人生奠基。这一神圣使命，主要由教师来完成的。关注教师的校园生活质量，关注教师的幸福指数，是以人为本精神的最重要体现。在任何社会中，教师都是一个有着重要影响力、人数众多的职业群体。这个群体的幸福指数也影响着社会。一所学校，如果它的教师感到很苦、很累，不能感受到生活的幸福和美好，不能感受到职业的内在尊严，即使其他方面都很好，也不算是一个好学校。教师如果不能体验到幸福感，那学生是不可能幸福的。只有教师感受到生活充满希望、充满阳光，工作的过程是一种享受而不是一种奴役，是自我实现的过程而不是单纯的付出，才能创造出充满生命力的温暖的课堂，才能为学生提供优质的教育。

幸福是社会和个体追求的重要目标，也是我们教师群体孜孜以求的目标。我想用肖川教授的“快乐是一种美德，微笑是一种力量，歌唱是心灵的阳光，简单就是享受，优秀是一种习惯，成功是一种心态，清白是温柔是枕头，幸福是灵魂的香味”八句话与大家共勉，希望每位师者都能积极、乐观地去创造属于自己的幸福人生，做一个幸福的教师。

目录

目录

第一章

追求幸福：教育者的初心和使命

真正的幸福只与人的高级需要及其满足相关。当你追求爱与关怀、自我实现、真善美等马斯洛称之为“高级需要”的满足时，你就会收获意义人生，远离枯燥、寂寞、无意义的生活。

——北京师范大学教授 檀传宝

休谟曾说过："所有人类努力的伟大目标在于获得幸福。"教师作为以教书育人为主要职责的专业人员，既不是人们想象中的"圣人""完人"，也不是所谓的"超人"。其实，教师首先是"人"，然后才是"师"。因此说，教师是作为"人"的教师，教师的努力也是为了获得幸福。作为以教育为生活的教师，除了和普通人一样都有资格享受幸福之外，其劳动对象、劳动特点和职业优势，以及教师的教育梦想决定了其较易体验到人生幸福。同时，教师职业素养高，具有创造性职业特点以及独特的人生体验，也决定了他们有资格配享幸福人生。本章从幸福概念、幸福教育、教师职业与人生幸福关系分析入手，从教师幸福源泉、教师幸福能力以及幸福教师的内外兼修等方面，探寻教师幸福的源泉，不断提升教师拥有幸福的能力，让幸福理想变成真正现实。

第一节　幸福是每个人的普遍追求

幸福是对需要的满足，幸福是人类的普遍追求。实现人生幸福，首先要从认识幸福入手，树立正确的幸福观，处理好教育与幸福、教育与教师幸福的关系，有利于实现人类的普遍幸福。

一、幸福的真谛是什么

追求幸福是人类的永恒主题，也是一个见仁见智、人言人殊的伦理学难题。那么，幸福的真谛是什么，幸福有什么特征呢？

（一）幸福的内涵及特征

要知道什么是幸福，必须从主观和客观两个方面来认识其内涵，了解历史上的几种幸福论，并指出幸福的特征，以便今后更好地指导自己的行动和生活行为。

1. 幸福内涵

汉语中的"幸福"一词，是指使人心情舒畅的境遇和生活。幸福是一种体验与境遇的结合体，至少有三层含义：第一，幸福是一种愉悦的心理体验，每个人只有根据自己真心认同的幸福才能真实地感受到幸福；第二，幸福是一种快乐的生命存在状态；第三，幸福是一种自我价值实现的满足。它也体现出人生幸福的三个维度，即生理维度、心理维度和伦理维度，因而人类幸福自然对应三种类型，即生理幸福、心理幸福和伦理幸福。因此，可以将幸福集中表述为人生存状态的愉悦体验。

历史上，人们形成了几种有不同影响力的幸福论，如享乐主义的幸福论、理性主义幸福论、自然主义幸福论、自我实现等类型的幸福论。理性主义幸福论提出“善即幸福”的主张，如亚里士多德认为，“人的幸福在于德性，幸福就是合乎完满德性的自我实现活动”。我国学者赵汀阳认为：“追求幸福是每个人的生活动力。幸福是人生中永恒性的成就。”赵汀阳从“可能生活”的角度揭示了幸福的内涵。他认为，幸福不在于德性本身，而在于创造有意义的人生，实现人之为人的各种可能生活。

马克思主义幸福观是从全人类的生活实践中提炼出来的人生哲学，内含着对人生价值和生活态度的理解，认为幸福是主体通过在物质生活和精神生活中达成自己的理想或目标而引起的精神满足。

2. 幸福的特征

幸福是个体在社会生活实践活动中，为实现自己的目标和理想，使自己的客观需求得到满足而产生的一种快乐体验，是人们对生活的肯定评价。幸福具有以下特征：

一是层次性和阶段性特征。马斯洛认为，人类的基本需要是有层次性和阶段性的，因此作为满足需要的幸福也应该具有层次性和阶段性。

二是主观性和客观性相统一特征。幸福是客观的物质、精神状况与主观的满足感之间的统一，没有良好的物质和精神状况做基础，就无幸福可言；反之，没有主观的满足感，物质和精神状况再好，也不能称之为幸福。

三是终极目的性特征。“人也同其他一切有感觉的生物一样，他所进行的任何一种意志活动，他的任何一种追求也都是对幸福的追求。”[①]不同的人一生追求的东西千差万别，但归根结底，所有人追求的莫过于一样东西，那就是幸福。

幸福既是个人生活的终极价值追求，也是人类社会的终极价值追求。人类社会一切美善的活动，其主观愿望和价值指向都是为了成就一个更加完善的社会，使人们过上更加幸福的生活。幸福始终是作为个体的人和作为人类的人一切活动和一切发展所追求的终极的、永恒的价值和目标。

（二）影响幸福的因素

影响幸福的因素是非常复杂的，不外乎两个方面：一是外在的客观因素，另一个是人自身的主观因素。一方面，一定的外界条件是幸福获得的基础，越符合人的需要（物质需要、精神需要、交往需要等），就越易产生幸福感；另一方面，如果一个人自身的生活态度越积极、对幸福的感受能力越强，获得的幸福就越真实，是否真的幸福只能由他自己做出最后评价。

事实表明，经济收入的增长能在一定范围内和一定程度上提高人的幸福指数。当基本需要得到满足后，如果个人的进步奋斗不是出于自我价值的实现，而是源于不断膨胀的外在欲望或生理需要的满足，那么即使获得再多的额外财富，也难以提高幸福指数。

由此看来，幸福既是客观的又是主观的，是一种客观性的主观存在，归根结底是主观的，是人的一种主观感受状态。

二、获得深度持久的幸福感

人作为整体的有生命的人，有个性、有思想、有情感，也有知识和能力。除了他的社会属性之外，其心理属性、生理属性都是不可或缺的，诸多属性互相渗透、互相依存、互相作用，形成完整的人性统一体。因此人们只有对幸福有一个整体把握，对生理幸福、心理幸福和伦理幸福进行三维建构，才会使人们获得深度和持久的幸福感。

① 唐凯麟 . 西方伦理学名著提要 [M]. 南昌：江西人民出版社，2000：292.

（一）作为幸福的人性要素的统一

人的生理幸福、心理幸福与伦理幸福是一种既相区别又相联系，还相互转化的辩证关系。只有建立全面、辩证的幸福观，才能走出“幸福问题”异化之路，实现真实而持久的幸福。

1. 幸福的生理、心理和伦理的三维解构

教育整体观将生理幸福、心理幸福与伦理幸福三者联系起来进行考察。任何一方面的缺失，都不是完整的幸福；任何一方面需要的满足也具有整体的效果，是完整人性的幸福体现。

生理幸福主要是指因生理需要的满足而体验到的幸福，通常指“食、色、衣、住、行”五个方面。生理基础方面的需要如果得不到满足，其他方面的需要都将成为空谈。

心理幸福是指因心理需要得到满足时的幸福体验。什么是心理需要呢？心理需要是使个体心理产生和发展的需要，人的感知需要、求知欲需要、追求精神自由的需要等都是心理的需要表现。研究证明，源于自我价值等内在精神性需要的目标是生成幸福感的重要基础。因此，一个人如要获得更深层、更持久的幸福，就必须开辟精神幸福新领域。

伦理幸福是指人的社会性需要得到满足时所产生的心理体验。伦理幸福感产生于互为主客体的人际关系中，必须接受道德、伦理、法律等公共规范的制约。一般人的幸福观在很大程度上是经验形式的，没有经过反省和理性审视的幸福观。亚里士多德指出，受过教育的人把个人幸福推及他人，把幸福融入一种道德高尚的生活之中……受过教育的人不仅具有道德品质，如仁慈、公正、诚实、宽容、讲信用，同时能够对某些冲突进行思考和反省并解决这些冲突，从而不断实现伦理的幸福感。

在一种全面有效的幸福理论中，既不能把需要定点化、区域化、凝固化，也不能把幸福情感定点化、区域化、凝固化，它们三者之间是相互转化的。三者之间的转化是以需要的“繁衍”为内在机制的，从以生理需要的满足为基础，到心理需要再到伦理需要的满足，最终为了“实现自我”这个目标而生活，达

到人的最大喜悦，这才是至高幸福人生的关键。

2. 实现幸福人性要素的统一

要实现整体人性的幸福感，就应以辩证的观点去看待人性诸要素在幸福中的统一关系。一是幸福是人性诸要素的“平衡”和“优势”的统一，具体表现为生理健康、心理健康和道德健康（包括社会赋予的角色等）之间的平衡。由于职业、活动、兴趣和具体场景的不同，在不同条件下总是在应付着不同方面的需要，展示人性的不同方面的力量，因而每个人在特定的时空里总是被某种优势幸福的追求、体验所把握。优势幸福或表现为生理的，或表现为心理的，或表现为伦理性的幸福。这种优势幸福都是以整体人性的整体幸福观为基础的，是渗透了全面性的，具有长久的生命力。

二是幸福是人性诸要素的“质”与“量”的统一。生理、心理、伦理幸福各有其特点，完整的幸福在质上是同等重要的，这三种幸福没有好坏、贵贱的区别。虽然人的各种幸福追求都可能是同等正当的、有益的，但如果某一方面的幸福“享有量”过多，其正当性便要变为不正当，它原本有益的就变成对人自身的伤害。幸福的质量统一除了表现在由三种幸福要素构成整体幸福之外，还表现在各种幸福要素内部的质量统一上。生理上的活动，心理上的认知以及伦理幸福的亲和感和孤独感的辩证发展过程，这都体现了幸福要素内部的质量统一。

以上这些表明，要实现人生幸福不仅要关注和尊重人的物质欲求，更需关注人的精神层面的需求，从而使人们产生深度和持久的幸福感。

第二节　幸福教育与幸福能力提升

幸福的本质上是人的一种主观状态，这就为教育深度切入人的幸福提供了充分的理论依据。教育中蕴含的知识、智慧、能力、理性、德行以及一切与真善美相关的元素，有助于提高人获取幸福的能力。而提高人获取幸福的能力，关注学生的精神世界，正是教育的根本目的和价值追求。教育者应从教育生活化入手，分析教育与幸福、幸福能力的关系，要担当人类终极幸福的责任，促进幸福教育的实现。只有幸福才能培养幸福，师生的幸福能力是在幸福教育中培养和提升起来的。

一、教育与幸福

幸福是人类生活的终极追求，而教育又以人的生活为载体，不断实现着对人的生活改进和完善，从而获得人生的幸福。教师的劳动特点以及教育的创新性和发展性，决定了教师是有资格享受幸福的职业。教师享受幸福要以教育生活为纽带，通过活动将教师的幸福统一于自身和学生生命质量的完善与提升。因此，只有通过教育实现人自身的创新，才能获得幸福能力，不断提升幸福指数。

（一）幸福教育的生活观

人的生活以追求幸福为价值，也是每个人生活的最终目的。人的整体性决定了人的生活的整体性。关怀伦理学家诺丁斯认为，人类生活包括三大领域，即私人生活、公共生活和职业生活，它们是人类收获幸福的三大来源领域。在《幸福与教育》中，她对人类世代关注的生活主题——幸福做了全新的审视。她认为，私人生活领域是幸福的主要生发之所。所以幸福的首要发源地是家。保护孩子，呵护孩子的成长，让孩子为社会所接纳，是为人父母的三大乐趣。同时，扎根家庭这个生命自然归所，修炼和培育人的惬意品质，充分绽放个体生命的两种魅力，即身体的魅力和人格的魅力，能实质性地促进人的幸福的实现。另外，她还非常重视人际关系这一幸福的源泉，认为人类在爱情、友谊、亲情等关系的互动中，更易于感受到一种亲密感、融洽感和幸福感。

作为幸福的来源之二，公共生活包括民主生活、社区生活和学校生活，也是人获得幸福的重要来源。其中，民主生活是公认的美好生活形式，它会间接地影响到人的幸福。一个人要追求幸福生活，就要积极参与社区生活，奉献社会、关怀他人，用行动来践行关怀。学校生活中，教师尊重学生的兴趣和选择，给学生以自信和鼓励，引导学生参与各项教学活动等，都蕴含着学生与幸福相遇的契机。

职业生活是人收获幸福不可或缺的领域之一。找到一个自己喜欢和适合的职业，是人迈向幸福的一个基石。只有喜欢或适合的职业才能激发人的内在潜力、焕发深层的幸福感，教育者应引导学生为往后自己喜欢的生活或工作打好基础。

私人生活、公共生活以及职业生活基本涵盖了人类生活的方方面面，在任何一个生活领域的不幸福，都会蔓延到其他生活领域，从而导致生命的不幸。因此，笔者认为，教师的幸福生活重点应要从好生活的角度进行建构，研究教育与幸福的问题，就要从人的生活完整意义出发，通过教育，关注好生活的问题，并引领学生认识幸福、体验幸福和创造幸福。

（二）幸福教育的人本观

教育的根本目的，就是促进人的发展，提升人的幸福指数。幸福是人的一种价值追求，需要每个人在后天生活中获得能力，实现全面发展。对真善美的追求不仅意味着知识的增长、能力的提升，而且也意味着心灵的充实、智慧的养成、德性的陶冶、精神的自由、人格的独立、价值的实现和创造性的提升，这些都是人的幸福的重要源泉。

有什么样的教育观，就有什么样的关于教育与幸福的关系论，就有什么样的健康幸福观。

以人为本的教育观是一种科学的教育观，倡导的是教育应该关注活生生的人，而不是仅仅关注僵硬的知识。人不仅需要获得全面而丰富的知识，更需要具有完整而丰满的人性。从某种意义上说，所有的教育都应是人性教育和幸福教育，归根结底是一种幸福教育，其过程和目的都是为了人的幸福。

二、教育的幸福价值

（一）何谓幸福教育

幸福教育是旨在让每个学生“有理解幸福的思维，有创造幸福的能力，有体验幸福的境界，有奉献幸福的人格”，从而成为和谐社会里的“幸福人”的教育。在这种教育样态中，教师享受教育的幸福，学生体验学习的幸福，每一个孩子在快乐中获得成功和幸福。因此，幸福教育是为人的幸福的教育，是“幸福地教”“幸福地学”，即让教师“教得幸福”、学生“学得愉快”的教育。

（二）幸福教育的价值定位

幸福教育是一种理想化的教育理念和模式，还没有真正落实到课堂和师生的日常生活之中。因此有必要对幸福教育从目的论和价值论的角度做出科学的价值定位。

1. 教育对幸福的意味

在幸福的视野中，教育不仅要关注知识和技能，更要关注人的全面发展；不仅要关注人的谋生、就业，更要关注人的自由、幸福；不仅要将幸福的理念贯穿于教育的全过程，更要将幸福理念贯穿于劳动的全过程，使生产物质生活本身的劳动成为真正自由的劳动，成为吸引人的活动，成为个人享受幸福的过程。

在本质上，教育本身也是体验幸福的过程，并使教育者和受教育者在幸福体验中领悟幸福的真谛。它让人们在物质和精神生活中学会如何追求幸福，如何感受幸福和如何幸福地生活。这种生活具有以下特征：一是超强的理想性，其核心是最大限度地使人获得全面发展；二是浓厚的文化性，使人从科学生活、道德生活、艺术生活中获得自由、幸福；三是崇高的精神性，让人在浓厚的文化氛围中不断发现内在的精神世界，不断提高自身的精神境界，从而获得心灵的自由、幸福。①

从某种意义上说，人的一生能否获得幸福，很大程度上取决于其教育生活是否获得幸福；而人一生所获得的幸福的高度和深度，又在很大程度上取决于其教育生活所获得幸福的高度和深度。

2. 幸福对教育的意谓

幸福教育关注人的幸福是一种与本体相结合的方法论，而且也是最根本

① 孟建伟. 教育与幸福——关于幸福教育的哲学思考 [J]. 教育研究, 2010,31(2):28-33.

的方法论，对教育转型具有重要的意义。首先，教育关注人的幸福就要关注人性和生命，使真正意义上的生命教育成为可能。其次，关注人的幸福就要关注文化及其精神，使真正意义上的文化教育成为可能。最后，关注人的幸福就要关注创造，使真正意义上的创新教育成为可能。

幸福教育就是将三者紧密地结合在一起。通过人性和生命教育，塑造创造者应有的健全人格和心灵世界；通过文化和精神教育，培育创造者应有的文化素质和精神境界；通过这两种教育的交汇，进而激发创造者应有的理想、兴趣、激情以及直觉力、想象力和创造力等，从而激励人们用生命去创造和创新，并从创造和创新的过程中获得最大的幸福。

三、教师的幸福能力培育

赵汀阳在《论可能生活》中说："幸福是一种能力。"教育要为学生未来的幸福生活作准备，它对人的幸福的作为是通过不断培育和提升人的幸福能力实现的。

1. 幸福能力

俄国教育家乌申斯基认为，教育的一个重要目的在于使学生获得幸福。然而，现实的教育并没有达到提高学生幸福能力的目的，有的甚至表现出幸福能力的缺失。造成幸福能力缺失的主要原因有如下几个方面：一是受社会不健康思想的影响，物质主义、享乐主义观念较为严重；二是生活能力差；三是交往技术差；四是情感能力弱。

檀传宝教授认为，教育要致力于培养人幸福能力，也就是人发现、创造和享受幸福的能力。它具体包括创造物质生活的能力、建立良好人际关系的能力和创造性生活的能力。人的幸福能力包括狭义和广义的幸福能力。狭义幸福能力要求人们要有自己的生活理想、道德勇气和德性实践性策略；广义幸福能力要求人们具备创造性品质、综合素养，掌握一定的生活美学知识。

2. 生成健康的幸福观

所谓幸福观，是人们对幸福的定义、幸福的标准以及获取幸福的途径等问题的根本性看法。心理学研究表明，无论是追求幸福的意识，还是获取与创造幸福的素养与智慧，其程度和方向大体上都是由幸福观来掌驭的。所以，幸福能力的教育，根本上是幸福观的教育。

幸福观是幸福能力的核心，健康幸福观的生成需要正确价值观的引领。青少年在阅历、知识和能力等方面相对不成熟，而幸福教育通过体验教育的方式，使理性力量和德性力量在师生之间相互转化、此消彼长。经过多次反复，教师的幸福观就会迁移到学生心中，让学生支配其幸福感，使学生形成自己的幸福观，拥有幸福能力终生。

第三节　教师幸福的职业体验

我们知道，教育的终极目的是使学生获得幸福，而学生获得幸福的重要源泉之一是教师幸福。如果教师没有幸福，就不可能体味到教育的本质、领悟到教育的真谛，对职业的厌倦和疲惫便会油然而生。教师有了幸福，就会怀揣理想从事教育，就会带着激情钟爱教育，就会把全部爱心献给学生，就会创造出充满生命活力的温馨课堂，就会感到工作过程是一种享受而不是奴役。没有幸福的教师，就不可能有幸福的学生，更不可能有幸福的教育。教师只有不断加强自己对教师职业幸福的认识，通过内外兼修提升职业素养，让自己回到职业幸福的轨道，创造和实现着幸福的高峰体验，才能拥有教师职业独有的尊严和幸福感，使自己的幸福能力不断得以提升。

一、教师的幸福

教师是一种智慧引领智慧，心灵浸润心灵的职业。教师的幸福是教师在教育工作中实现自己职业理想的一种生存状态，是自己对生存意义的体会，即教育幸福。陶行知认为："教师的成功是创造出值得自己崇拜的人，先生最大的快乐，是创造出值得崇拜的学生。"徐特立指出："教书是一种很愉快的事业，你越教就越热爱自己的事业。当你看到教出来的学生一批批走向生活，为社会作出贡献时，你会多么高兴呀！”

（一）教师幸福特性和幸福教师的境界

幸福是人类社会和个体一切活动的终极价值，而教育又是这“一切活动”中极其重要的一种，因此教育要以追求幸福为其终极价值。不管是全面发展、和谐发展、个性发展，还是学会做事、学会做人、学会共同生活，都是为了促成人的幸福生活，有助于人的幸福生活。

1. 教育是一种幸福的职业活动

任何人都可以把自己的工作体验作为“最幸福”的职业，教师的最高境界就是把教育当作一件幸福的活动。夸美纽斯把教师看作是太阳底下光荣高尚的职业，是对教师职业的形象概括，反映了他对这个职业强烈的情感偏爱。教育丰富的客体内容使教师得以在职业活动中体验到丰富的情感内容，因而教育最有理由成为一种幸福的事业。

实现教师的职业幸福，关键是要实现教师职业意识的根本转变，促进教师职业境界的提升。杨启亮教授曾指出，教师职业境界有四个层次：一是把教育看作是社会对教师角色的规范、要求；二是把教育看成是出于职业责任的活动；三是出于职业良心的活动；四是把教育活动当作幸福体验。为此，他建议教师要实现职业意识从他律向自律的转变，不断提升职业境界，积极培育追求幸福的意识，生成发现、捕捉、选择、创造与品味幸福的智慧，以及导引幸福走向的幸福观。

2. 教师幸福感特点

教师的幸福感具有以下四个特点：一是教师的幸福具有精神性。学生的道德成长、学业进步，进而对社会作出的贡献，都是教师生命意义的确证；师生之间在课业授受和道德人生上的精神交流、情感融通都是教师职业所得到的独特享受。二是教师的幸福具有关系性。教师劳动成果必须通过学生才能肯定自身，即教师的幸福是被给予的。三是教师的幸福具有集体性。任何一个学生的成长都是教师集体劳动的结果，因此教师的幸福应建立在超越个体利益计较的基础之上，教师的劳动与幸福都具有在境界上相对崇高的特征。

四是教师幸福具有无限性。教师幸福无限性表现在时间和空间两个维度上：在时间上，教师对学生在人格与课业上的影响具有终身性质，通过教师的劳动与生生不息的人类文明联系在一起，因此教师所收获的幸福也是超越时间限制的；在空间上，教师的劳动成果也不局限于某一个校园之内，一代一代的伟人、一代一代的劳动者都是通过教师的劳动对世界的进步作出伟大的贡献，所以教师的幸福具有空间上的无限性。

二、教师幸福的职业意蕴

教师肩负着一定的社会责任和历史使命——教书育人，而教师的幸福主要体现在教书育人的过程中。教育是一项直面生命的事业，教师要做呵护生命之花的天使，并在与生命共舞的教育历程中分享学生生命成长的快乐。

1. 教师的幸福在创造性表达中

教师的劳动是创造性的劳动，创造性教育赋予师生无限自由的空间，将自己的“教育力”加进了教材，不仅表现在对教材的不同理解上，还表现在对教材个性化表达上。在教师创造性的劳动中，能让“干瘪”的教材丰满起来，能让抽象的教材生动起来，能让统一的教材个性化起来。成为教育要素的教材一旦进入了教育过程，就成了教师素质的延伸，内在统一于教育活动中，最终变成了教师内在素质。

不同的教师内化同一教育内容，会形成不同的教材，教同一年级同一课程的不同教师会向学生展示不同风格的“教材”，自然就培养出不同风格的学生。这时的教育活动对教师而言不再是被动的、外在的，而是教师本性力量的流露。宣讲自己的信念，表达自己的真情实感时，人是最生动、最幸福的！

2. 教师的幸福是教师自我生命的增值

教育发展的最终目的是实现人类学习从原初学习到教育性学习，再到自主高效学习的转变。这才是教育的真正目的。

作为中介，教师既要与教材相通，又要与学生相通。我们认为，在教师与学生的关系上，教师是学生的“体外大脑”。在幸福教育中，教师要为学生提出适当的目的，并帮助学生实现目的，使学生总是处于“最近发展区”之内，实现两种目的的内在统一。

把教师看成学生的“体外头脑”，等于把学生看成教师的体外“自我”。教师通过教育活动将自己全息地“拷贝”到学生身上，将自己的本质化成无数的体外“自我”，以此为自己塑造一个不朽的精神。教育不是以损失教师来造福于学生，而是教师不断超越自我的活动；学生的成长不是对教师生命的剥夺，它是教师价值的实现、生命的肯定，是教师自我生命的增值。

3. 教师幸福体现在角色自我与个性自我的统一中

“日常意识常把生命活动分为两个部分，其中一部分是形式上的、凝固的、僵死的，它属于‘无人称’的社会角色世界；一部分则是‘个人的’、有感情色彩的，代表着个体不受社会条件影响的‘自己本身’。”①角色意识要求教师以某种社会观念和准则去规范、统理自己的内心世界，而个性意识则反映了教师对自己内在需求、情感世界加以真实的把握。幸福的教师善于将这两个“自我”在工作中统一起来，实现角色自我和个性自我的统一，工作与成长的统一。

新的时代呼唤教育要向本真还原，向人的生命存在还原。教师既是一种角色，也是一种个性，它就是教师的生活本身。只有充分地张扬个性，肯定自我，才能使教育成为一件让人幸福、令人羡慕的职业。教育无疑有它的社会规范和要求，这种规范和要求应以教养的形式存在，全面凸显个性自我。这就要求教师不断超越角色自我，将角色自我审美化、个性化、感性化、情感化，把它沉入个性层次，使规范、要求变成生命体验的一部分。教师一旦把工作扎入“我的”生活之中，与“我的”个性融合起来，就会像热爱自己一样热爱事业，才能将角色积淀成个性，达至角色自我与个性自我相统一的境界。

4. 教师幸福寓于师生共创幸福中

作为一种内在体验，幸福是独享的，但通过外部表情，幸福又可以与他人分享。因为在幸福的教育中，师生的幸福是师生间以移情为中介相互感染的。

① 科恩．自我论：个人与个人自我意识 [M]. 佟景韩，译．上海：三联书店，1986：394.

当教师的内部体验外化为表情，学生会通过识别教师的表情，在自己的内心激起同构的心理体验。这种体验又外化为学生的表情，教师通过学生表情的反馈强化了自己的幸福体验。师生双方相互感应，不断激荡，慢慢消解中介隔离，最后达到同悲共欢的融合境界。这是一种“忘我”的体验。

在师生的幸福交融中，双方形成了一种直觉的关系，台上的疯疯癫癫，台下的如痴如醉，整个教育超越了理性的古板和语言对意义的分割，形成了一种强有力的情感场和完整的体验，教育因此产生出事半功倍的效果。

在这种幸福的体验场域中，教师“忘掉”了自己的角色，举手投足、一言一行都处理得恰如其分，对问题都驾轻就熟，把一切技能发挥得淋漓尽致却又浑然不觉。随着教师的引导，学生也在“忘我”之中，仿佛来到了生活的现场，沉浸在浓郁的情感气氛中。教师根据课程的需要，或愤或悱，或悲或喜，或怒或笑，忘掉了一切私心杂念。

在上述教育体验中，教师既是幸福的创造者，也是幸福的享受者；学生既是幸福的享受者，也是幸福的创造者。师生双方在教育幸福的创造和享受上得到了内在的统一。在幸福的教育中，教师不会想到一节课讲完之后有多少酬劳，也不是为了让学生、国家、社会对自己有好印象。学生在幸福之中也不会去计较成绩将因此得到多大的提高，或专心学习是否获得老师认可。它把师生从世俗的教育评价中脱离出来，没有担忧，没有媚俗，他们纯粹地沉浸于此时此刻，甚至忘了此时此刻的“反常”表现。

三、幸福教师的内外兼修

人们对幸福的理解不管有多么不同，它都是所有人生活的内驱力和价值追求。人们对教育的追求更是一种对幸福的追求，因为教育自身是幸福的，教育本身蕴含、潜藏着诸多幸福的元素。身在教育中的教师更有条件创造教育的幸福，享受着教育的幸福。教师如何加强人生修炼，才能成为幸福教师呢？幸福教师不仅要热爱生活，要有所建树，还要积极打造自身职业魅力，要有高尚的精神追求，内外兼修是教师享受职业幸福的不二选择。

1. 热爱教育生活

幸福就是对自身状况的满意，就是过一种美善的生活，这种生活具有自主、自由、健康、满足、惬意、从容、淡定、和谐、正义等特性。[①]幸福生活的这些特性要求教师要从热爱教育、热爱生活开始，这就是教师幸福的起点。

我们知道，创新不仅需要坚实的知识基础，还需要深厚的生活积淀。无论是创新的直觉和灵感，是创新的动力和激情，还是创新的意义和价值，在很大程度上都源于深厚的生活积淀。无论是幸福的教育还是幸福教师都必须彻底实现向生活教育的回归，不仅向关于科学生活、艺术生活、哲学生活等专业化的生活教育回归，更应当回归到“土地”，即回归到关于现实的人的生活教育。功利主义教育观使教育脱离生活，过早、过强和过度地将学生引入课堂、引入书本、引入名目繁多的考试。这样一来，那种扎根于生活深处的人的德性、人的创造力似乎没有随着知识的增长而增长，反而遭到不同程度的压抑，甚至是扼杀。任何一项教育实践活动，如果没有生命活力的焕发，没有道德的生长，没有创造力的参与和生成，教育就无所谓幸福可言，生活就无所谓幸福可言。

有一位数学教师，他每年都会亲近大自然，甚至用数年时间近距离记录长约 19 公里的门登霍尔冰川冰穴里连续消融和结冻的奇观，并绘制了它们变化的过程。在冰川洞穴的美景里，他的压力得到了缓解，灵感也被激发。从冰穴里回来站在学生面前的老师不只有活力，还有阅历、视野和对生命更深沉的体悟与理解。这些丰富教师人生的生活的印记，也是滋养学生的雨露。

教师只有对生活充满激情、对教育充满兴趣，不断使幸福的个人生活与教育生活水乳交融，才能在生活中不断思考、示范着自己的教育观念，践行着教育的幸福。只有懂得追求生活诗意与幸福的教师，才能带给学生一个充满希望的未来。因此，幸福教师要以热爱教育、热爱生活为起点，积极培养对教育的兴趣，实现从知识教育到生命教育的转型。

① 扈中平．教育何以能关涉人的幸福 [J]. 教育研究，2008（11）.

2. 教师要有所建树

雅斯贝尔斯说：“人是精神，人之作为人的状况乃是一种精神状况。”人对精神的渴求和对精神世界的向往是人性的根本所在，也是人幸福的根本所在。人对幸福的不同理解，使得每个人感受到的幸福都不尽相同。教师如果对教书育人的这份职业不想也不愿有所建树，那么，就很难在工作中感受到持久的幸福。

教师是人生的指导者，是灵魂的塑造者。教师的神圣职责是既教书又育人，不仅要学高为师，更要身正为范；教师不仅要做“经师”，更要做“人师”。然而，面临社会转型期阶层的分化，多元价值观的冲击，学生主体意识的日益增强，信息科技高速发展，给教育带来的机遇与挑战并存。在这个时代，多元互动、相互切磋的教学模式很快就会代替单向传递知识的教学模式，在互动中引领、启发学生将成为教师的重要任务。

爱是教育永恒的主题，学生的家庭背景、生活经历、个性特质等各不相同，每个学生心中都有一根独特的心弦，教师只有在千差万别中悉心体察、发现并研究每个学生的独特性，将自己的心弦对准学生的心弦音调，才有可能与学生产生共鸣，才有可能游刃有余地与学生共同成长。在这个变化的时代，教师要找到幸福的源泉，必然要加强自身的德行修养，不断加强德育专业化修养和教学专业化修炼，从而不断提升教师教书育人的能力和水平。

3. 要打造自身职业魅力

从古至今，教育是一项充满乐趣和幸福的职业。在中国古代，老子开创了乐业之先河，孔子开创了乐学之先河，孟子开创了乐教之先河。梁启超在《敬业与乐业》《趣味教育与教育趣味》等文中，将古代乐教发扬光大，形成了较为完整的“教育趣味”思想。他认为，“我们要选择趣味最真而最长的职业，再没有别样比得上教育”，呼吁：“在教育界立身的人，应该以教育为唯一趣味。”

学生是教师职业价值认同的基础。教师的幸福就蕴含在对这份职业价值的认可之中，以及这种价值实现的过程中。为人师者，从中能够体验到职业的价值和成就学生的快乐，坚定对教书育人的坚定信念。

教师在工作中既要不断传授知识和培养学生，又要不断钻研知识和研究学生，由此构成了教师职业的双重特性，进而决定了教师专业具有双重兴趣。它要求教师不仅对教育事业、培养学生充满兴趣或志趣，对所教学科也抱有浓厚的兴趣。只有如此，教师与教育事业、与三尺讲台才能毫无功利地融为一体。

教育面对天真淳朴的学生及其变化多端的心理世界，面对浩瀚无际的知识海洋，学习、研究、反思和创新，正是教师职业的魅力所在。教师只有关注教育问题，潜心研究钻研，才能摆脱低水平重复劳动所带来的枯燥乏味感；在创新求索之中，才能体验到研究的乐趣和幸福，享受到职业的乐趣，感悟到职业的魅力。这就是教师幸福的钥匙。

4. 要有高尚的精神追求

教师是带领学生到有光的地方的人，这就是他们的精神追求，这也是教师之所以受人尊敬的原因。教师有了精神追求，就会不断推动自己学习、探索、创造，不断地向自己的智慧、人格、能力发出挑战，自己的生命和才智就能在这种过程中获得发展、得到提升。

如何才能将人带到有光的地方？霍懋征说，“有什么样素质的教师就有什么样素质的学生。教师的工作从来都是用心去做，一辈子不断提升学识素养、完善道德修养，用自己的言行影响人，唤醒、激活每个人心中的智慧、勇气、自信心，如此就能把人引到有光的地方去，文化形式因教师而得到传承，教师因此就会获得满满的成就感和幸福感”。这种成就感和幸福感源自教师所创造的社会价值，同时也成就着教师的个人价值。

说到底，教师幸福是一种内心的体验和感受。教师把“人的培育”作为一种精神追求，让学生从中感受到巨大的乐趣，才能真正感受到幸福。学生成长的乐趣，自然成了教师幸福的源泉。

幸福新教师必须建基于教师的专业生活与生命的整体性、多层次的特殊立场的思考，对涉及教师人生价值观、认识框架（视野、人文与科技素养）、知识结构、思维能力与思维方法，直至教师专业行为逻辑、习惯系统与生存方式等方面，进行整体性建构，使之具有理想精神、敬业态度、责任感、意志力、身体健康、专业道德素养的时代教师新形象。回归职业素养，回归教育的幸福本真，是教师职业人永恒的追求。

第二章

价值信念：幸福教师不可或缺的素养

教师的魅力源于创造。教师工作主要的创造性并不在于对未知领域的探索和发现，而在于创造性地运用教育的规律和规范，灵活多样地开展教育活动和处理教育问题，从而有效地促进学生的全面发展。

——华中师范大学教育学院教授 涂艳国

教师的幸福到底在哪里？教师拥有与普通人一样的幸福，但教师的幸福也带有不同于一般人幸福的特殊性。教师幸福的全部就在教书育人中，就在感受学生幸福的教育中。“为了幸福而教”是教师教育价值取向的最高追求，符合教师的人性需要、生命本性，是提升教师幸福指数的迫切需要，只要教师具有了高度的使命感和责任感，在为国家和社会作出贡献的同时也体会了教师职业的幸福，是达到生存和发展的某种完满时快乐的心理体验。所以幸福教师总是拥有全心全意为学生服务的教育信念，不断提升自己的德行修养，能够自觉地运用哲学思想探讨教育规律性问题，凭借自己对教育的独特理解进行创造性教育，以教师的完满成长促进学生成为生命和谐的、可持续发展的人。党和国家用“有理想信念、有道德情操、有扎实学识、有仁爱之心”的“四有”标准定义好教师，充分体现了好教师拥有价值信念和道德修养的重要意义。

第一节　幸福教师的教育信念

苏联教育家苏霍姆林斯基说：“教师的信念——这是学校里最宝贵的东西，有无成熟的教育信念是划分学者型教师和教书匠的重要标志。”① 所谓信念，是人们认识世界和改造世界的精神支柱，是从事一切活动的内在动力，是个体对自然和社会某种观点、思想见解等坚信不移的看法，对人们的心理和行为有深远的影响。美国比较教育和哲学博士、洛杉矶加利福尼亚大学教育学教授乔治·F.奈勒说：“如果我们是一个老师或教育领导人，而没有系统的教育哲学，并且没有理智的信念的话，那么我们就会茫茫然无所适从。”② 依此理解，教育信念就是教师在成长过程中的精神追求和奋斗目标，是提升教师素质的关键要素。教育信念不仅包括教师对教育工作高度的责任感、事业心，还包括克服

① B·A.苏霍姆林斯基.给教师的建议 [M].杜殿坤，译.北京：教育科学出版社，1984.

② 陈友松.当代西方教育哲学 [M].北京：教育科学出版社，1982:135.

困难和挫折的坚定决心。拥有正确的教育信念，直接影响着教师的教学行为、工作态度，还有师生关系等。

一、教育的核心信念是培养发展的人

每位教师都有不同的教育信念，体现的是教师在教育场景中应坚守的基本教育观念、教育思想和教育理想。就教育教学的本质来讲，教师信念的内在核心是坚信教育对人的发展及其促进社会进步的价值和积极作用。苏霍姆林斯基这样说："教学大纲和教科书规定了学生的各种知识，但却没有规定给予学生的最重要的一样东西，这就是幸福。我们的教育信念应该是：培养真正的人！让每一个从自己手里培养出来的人都能幸福地度过自己的一生。"[①]教师拥有怎样的"人"的观念，就会有怎样的教育信念，从而在自己教育实践中对"人"的问题进行反思和回答。

（一）教育为学生成长需要服务

教育即服务。教育能够使人获得适应环境的经验，培养他们进一步改造环境，参与社会生活，创动推动社会发展，实现社会幸福的能力。有学者指出："新教育的本质，就在于它具有了前所未有的鲜明的服务性质，它是为学习服务、为学生服务的。"[②]这就要求教师服务于学生，创造一个有利于学生学习、成长、发展的良好学习环境，培养他们创造幸福、享受幸福的能力，从而提升人的幸福境界。

1. 教师应加强服务意识

幸福的真正源泉在教师的心中，在教师无私的奉献之中，而教师拥有服务意识，才能发现学生的美，才能成就学生的幸福。教师担负着教书育人的神圣职责，要体现教育服务的公平性和精神性，须具备极高的责任感，并以人性化的方式把握自己的职责所在。加强主动服务意识应建立在对每一位学生

---

① B·A．苏霍姆林斯基．给教师的建议 [M]. 杜殿坤，译．北京：教育科学出版社，1984.

② 徐廷福．美国教师专业伦理建设及启示 [J]. 比较教育研究，2005（5）: 83.

充分了解的基础上，做好心理换位，时时处处从学生的角度去考虑问题，想学生所想，适当创设条件满足学生的需求，为学生成长提供良性土壤。教师只有真的构建了这种服务意识，学生才能够从其服务中获得幸福，才能培养出高素质的人才。只有拥有服务意识的教师，才能拥有更活更好的教学思路，使教育拥有一片更加丰富多彩的新天地。

2. 教师要具有服务能力

教师共同的愿景是服务于学生的成长，服务于学生的发展利益，让学生在教师的服务中获得幸福。一个教师的教学是否成功，关键在于教师提供的教学服务是否能让学生真正满意，所以教师为学生服务还有一个必不可少的因素，那就是教师本身具有服务能力。这就要求教师作为学生的服务者，不仅要掌握本学科的专业知识，而且要与时俱进，不断更新自己的教育学、心理学知识，并在此基础上提高自己的教育教学技巧，以渊博的学识、精湛的能力和高尚的道德情操服务于学生，不断促进学生在知识、技能方面的提升，提高学生的品德修养，从而提升教育服务的质量。

3. 教师引领学生走向幸福

“幸福作为一种理想的生存状态和存在方式，一直是人们孜孜以求的终极价值目标。”一个幸福的教师，总能领悟其职业使命的真谛，具有以教育为乐的职业境界，以育人为幸福，带着厚重的历史使命感和社会责任感尽力培育学生，不断挖掘教育生活的内在魅力，引导学生精神世界的生成，使学生“成其为人”，引领学生走向幸福人生。

幸福的教师不仅拥有丰富的知识和智力成长，还有情感的浸润、意志的砥砺、人格的完善、体魄的健全和心灵的圆满，启迪学生对人生和世界的美好情怀，帮助他们不断成长，进而感受到精神上的无限幸福，给他们的幸福人生奠定良好的精神基础。同时教师本身也会深深地体验到当一名教师的幸福。诚如教育家魏书生所言：“教育是一项可以给人以双倍精神幸福的劳动。教育对象是人，是学生，是有思想、有语言、有感情的学生。教师劳动的收获，既有自己感觉到的成功的欢乐，更有学生感觉到的成功的欢乐，于是教师收获的是双倍的乃至更多于其他劳动数倍的幸福。”

（二）承认学生的个性差异

学生是有个性差异的，如同世界上没有两片相同的树叶一样，世界上也没有两个一模一样的人。培养发展的人就要承认学生的个体差异是客观存在的，教育的服务应因人而异。

1. 基于学生差异把握学生心理需求

学生是自主的人，每个人都是个性化的不同存在，而且每一个学生的每一个时刻也是不相同的，他们的需要和表现可能各不相同。教师若想游刃有余地与学生共同成长，必须以此为基点，给学生成长的环境和学习的资源。这就需要教师能够准确把握学生的心理需求，倾听学生的心声，洞察学生的心理，真正了解学生的需要，针对学生的个性化需求区别对待。在学生遇到困难时给予适当帮助，使学生能够顺利地克服困难；对学生不合理的需要，则应加以疏导和转移。更好地实现与学生心理上的沟通，才会有更高质量的教育服务。

2. 基于学生差异提供个性化服务

教育目的不是消灭差别，而是面向全体学生，促进学生生动、活泼、主动发展。这就需要我们在承认个体差异的基础上鼓励个性的发展，面对智力、毅力、性格等存在差异甚至是迥异的学生，教育要因材施教，为不同的学生提供个性化的服务，让学生的鲜亮个性得到张扬。特级教师于漪曾教过一届学生，其中有四位同学患有口吃。于漪经过调查发现，这四位同学的病因各不相同：一位同学是舌头稍短造成的，一位是父母娇惯造成的语言不规范，一位是小时候模仿口吃者说话造成的，还有一位是思维迟钝造成的。在了解根源之后，于漪老师分别为四位学生进行私人定制，做了针对性的训练计划。久而久之，这四位学生的口吃情况有了很大的改变，语言表达能力有了明显的改善。于漪老师的案例启迪我们，学生个性的差异是有其内在原因的，家庭背景、生活经历、个性特质等均可造成学生的差异。作为教师，就要练就一双慧眼，能够及时发现每位学生的不同之处，因材施教，用爱拨动学生心中那根最为隐秘的独特的心弦，与学生的心产生共鸣。

爱是教育的底色，面对有差异的学生，唯有爱能真正地呵护他们成长。为人师者，看到学生汲取知识、不断成长，就犹如看到花草萌芽、果木生枝，便会像斯霞那样，从学生身上找到青春，获得尊重，从中能够体验到的更多的是职业的价值和成就学生的快乐。

（三）重视学生资源的开发运用

在课程实施过程中，缺乏对学生资源的正确认识和合理开发与运用是很多教师存在的通病。为了更好地进行课程资源建设，教师要重视学生潜能的开发与运用。

1. 学生是活化的教育资源

学生不仅是教育服务的对象，更是活化的教育资源，是一种最活跃的人力资源。把学生当作教育资源，是对学生主体地位的提升，更是现代教育核心理念——以人为本的体现。教育活动本身是一个资源开发的活动，学生的知识、能力、经验都是教师可以利用且必须利用的资源。为学生服务，让学生享受教育幸福的最高境界是教师能够真正地去关注学生自身的需要，用心感受学生的变化，做到心中有学生、眼中有资源，不断地从学生身上寻觅捕捉到新的课程资源，把学生身上的潜能开发出来，使之变成教育的现实资源，取之于学生，用之于学生，使素质教育真正落到实处。

2. 灵活运用学生资源

把学生纳入教育资源的范畴，是对传统教育观念的突破。能否以学生为本，关键在于能否既把学生当作一个个资源的开发者，又把学生当作教育资源开发学生存在的潜能。将学生资源当作教育资源可以通过以下六种方法：一是要重视学生的生活经验，它是无形的教学资源，教师可以将学生的生活经验与教材知识相结合，整合成可以利用的教学资源进行课堂教学；二是要注重对学生兴趣的了解，学生兴趣也是一种学习资源，通过调动学生兴趣，推动教学活动，也是一种行之有效的教学方法；三是承认学生的个性差异，学生之间的这种差异让我们的学习活动变得丰富多彩，可以让学生在差异中丰富和拓展自己，成为共享资源；四是运用学生的错误资源，善待学生的错误，合理利用，让这些错误资源为教学和学生的发展服务；五是丰厚的群体性资源，让所有的学生一起认识事物，让班集体的资源不单单是依靠教师和几个学生，而是依靠全体学生；六是善于运用学生家庭资源，学生家庭中往往也有不少与教育教学有关的资源，教师可以事先征得家长的同意由家长来给学生指导或讲解相关知识或技能，既可以增长知识，也有利于培养亲子关系。

教师对学生资源游刃有余地利用必会让教学充满生命活力，呈现出一个互动生成的开放系统，而善于捕捉学生资源也必将促进教师从工作中获取更大的幸福，这也是教育幸福的一门学问。

二、教育信念是教师发展的统帅

教育信念是教师素质的一个重要组成部分，是教师专业结构中的统帅和灵魂、对教师的发展具有动力性、基础性、先导性和全面性的作用。纵观历史，大凡有影响的教育家都有着自己坚定的教育信念，深切关注并热爱教育事业，对从事的教育工作有执着的追求。正如苏霍姆林斯基所说："教师的信念——学校里最宝贵的东西。"为信念投身辛苦而又烦琐的教育工作，是幸福的，也是快乐的。

（一）教育信念是教师态度的决定因素

信念决定态度。"教师信念是教师教育本体的教育价值观念在个体价值观念中的内化，影响着教师在教育工作上的积极性。"具有教育信念的教师往往具有强烈的使命感，决定着教师的工作方式和成效，直接左右着学生思想观念的形成及其以后在学习、工作以及生活上的发展方向。

1. 教育信念决定教师的教育实践

教育信念是认知、情感和意志的有机统一体，是一种稳定而持久的心理品质，影响着人们的行动。即使是同一位教师，对各种教育教学问题都有一套自己的观念与看法，包含着教师的信誓与激情、责任与使命、爱心与真情。这些观念和看法其实都蕴含着对教育、对学生及其发展的理解，它们无时无刻不在影响着教师的教育实践。苏霍姆林斯基认为，所有的学生都能取得成功。

因此，他能够把一所小小的乡村学校建设成教育实验园地和学生学习、劳动、生活的美好天堂。

2. 教育信念推动教师的教育行为

从教师的职业生涯来看，教师的发展就是教师不断满足基本需要，追求更高层次需要的行为过程。[①] 正是源于教育信念的支撑，源于对教育事业深刻的认识与理解，教师对教育事业才更加热爱。坚定的教育信念是保证教师的教育行为方向不迷失、不动摇，事业取得成就的可靠保障。

美国教育家杜威在从教的同时，对自己的教育实践所做的思考和总结形成了系统化的教育信念，并在教育中一直坚守着他的五大教育信念：教育即生活，教育即生长，教育即经验的不断改造或改组，学校即社会，从做中学。更重要的是他在这些教育信念的指导下，执着于对教育事业的追求，奉献对教育的拳拳之心。笔者认为，作为教师不能因外部因素的影响而动摇自己的教育信念，应坚持不懈地追求教育的理想，只有具有了这样坚定的信念，并将其与教育实践相结合，才能端正工作态度，才会把教学工作当成自己的毕生事业来追求，才能使学生成为一个真正的人。

（二）教育信念是教师发展的内在动力

坚定而科学的教育信念是教师自我成长与完善的强大的内驱力，使教师在工作中具有强烈的进取精神，具有做好教育工作的信心、勇气和毅力。

1. 教育信念是教师精神世界的支柱。

陶行知说：“人生为一大事而来，为一大事而去。”人只有有了人生信念，才能活出精气神，才会有所追求。教育是基于信念的事业，教师作为教育教学工作的组织者、学生汲取知识的指导者和健康成长的引领者，教育信念贯穿于教师行为的始终，是做好教育教学工作的内在动力，是教师情感、态度、价值观的具体体现，是教师精神世界的支柱。

坚定而科学的教育信念是教育工作者践行教育理想的内在的强大推动力，

---

① 赵昌木. 教师成长论 [M]. 兰州：甘肃教育出版社，2004：36.

以最饱满的精神面对学生，遇到挫折不气馁，迎难而上，以锲而不舍的毅力、滴水穿石的耐心去对待学生，培养学生的良好品质。这样的教育信念在许多优秀教师身上都有突出表现：爱校如家、爱生如子，不图享受，甘于清贫，刻苦钻研，自强不息。教师只有正确地认识了教育事业的价值意义和历史使命，才可能像陶行知先生那样把教师职业看成是尊贵的职业，教育便会成为教师生活、工作的内在动力，从而产生一种强大的精神力量，自觉而愉快的追求推动教师更加积极地投身教育工作。

2. 教育信念激励教师追求专业发展

教育信念深刻地影响教师专业理论和专业技能的发展，教师的教育教学是教师教育信念践行和丰富的过程，也是教师人生价值实现的历程。当教师具有崇高的教育信念时，教师的发展才可能成为教师发自内心的需求，才能给教师的教育行为提供强大的动力，并持续激励教师不断攀登专业发展的高峰。如果教师拥有信任素有学生都有发展潜力的教育信念，他将会采取积极有效的措施激励所有学生，绝不会歧视后进生。教育信念会激励教师自主追求专业发展，不断修正和调整自己的教育，实现自我的价值。

（三）教育信念是教师幸福的主观源泉

教育是一项以智慧启迪智慧，以信念强化信念的事业。有信念的教育是幸福的教育，是个性的教育；有信念的教师，才是为自己的劳动而快乐、幸福的教师。

1. 教育信念提升教师教育幸福感

在教育教学工作调研中，只有 40% 的教师感受到教育的幸福，也有 40% 的教师感到工作是不幸福的。影响教师幸福感的因素有两类：一类是教师自身的因素，其中包括教师的职业理想和兴趣、职业道德和观念、职业能力和工作成就等；另一类是教师的生存环境，主要包括教师的经济收入、所处社会和文化环境、成长的保障条件等。笔者认为，教师的幸福更重要的是，教师对教育生活的感受。因此，教师的幸福感与树立正确的理想信念，提升教师职业精神、职业道德素养、教师职业能力是紧密相连的。教师的教育信念能够提升教师的教育幸福感，激励教师具有做好教育工作的信心和进取心，是对教育中生存状态的一种高级的、愉悦的情感体验，这是一种精神上的享受。可见，教师正确而坚定的教育信念是其获得幸福感的力量之源，激发教师自己有了清晰而成熟的教育教学理念。

2. 教育信念成就教师职业幸福

教师的基本生存条件得到保障以后，如果具有正确的理想和信念，他就会热爱教师这个职业，会为实现教学目标和育人目的，积极开展教学活动。在教育过程中，教师对自己的教育行为不断进行思考、丰富和完善，使教师的知、情、意、行和谐统一，从而形成教师的教育实践和个人教育智慧，不断进取。这一良性循环对教师自我实现高层次需要的满足奠定基础，形成自己独具魅力的教育教学艺术，也使教师充分地享受工作带来的成就感和幸福感。

三、教育信念的建构

研究表明，教师信念的形成受多种因素制约，并且是一个不断发展成熟的过程。只有准确把握教师信念的实质与内涵，正确地认识其作用，认识到教育信念在不断重构和发展，才能更好地服务于教育和教师发展。

（一）影响教师教育信念的因素分析

教育信念在教师的成长中占有十分重要的位置，教师的教育行为和学生的学习成就有着直接影响。教师的个人生活经历、学校文化和自我反思等因素，都影响着教师信念的形成。分析影响教育信念的因素，可以帮助教师体会教学信念存在的目的和意义，反思教学行为背后的信念支撑，从而促进教师的专业化发展。

纵观教师教育信念发展的影响来源，教育信念的形成在教师职前主要是受生活经验以及对教育信念发展历程的影响。这种基于个人家庭、社会及文化环境影响下自然而然形成的教育观念所造就的影响力是不容忽视的；在教育训练过程中，教师对教学活动所具有的经验，影响着个人的教学认知与态度，对其以后的教学生活有很大的影响。所在学校的规模、任教学科、工作量、校园文化、同事关系等因素也将会直接或间接地影响教师的教育信念。教师所生活的群体也必定有着共同的信念，这些信念支配着他们的行为方式。在工作过程中，教师会观察并融入学校盛行的主流文化，以及被认可的教育行为，从而形成自己的教育信念。

（二）教师的信念形成策略

纵观古今中外的著名教育家，孔子、陶行知、苏霍姆林斯基、魏书生，都具有坚定执着的教师信念，可见有无成熟、完善的教师信念，是“教书匠”到“专家型教师”转变的一个重要标志。正确教育信念的形成的多元影响因素，只有融入当代教育思想与教育理念，才能确保教师信念形成与建构的合理性与实效性，才能更好地促进教师的专业发展。

1. 校本培训提升教师自身的发展意识

教育信念是在教育教学的认识过程中确立的，教师校本培训理当成为一种新的教育信念培养模式，重点在于激发教师的参与意识和自我教育能力，通过教育教学活动逐步对教育形成一种正确的教育信念，不断更新旧理念，不断完善和提高自己的教育信念，更好地促进教师专业发展。

2. 注重教师发展的外部环境创设

学校是教学的主阵地，对教师的信念形成和专业发展起到潜移默化的影响，要把加强学校物质文化、制度文化、精神文化等方面的建设作为重点内容。为了更好地重构与完善教师教育信念，要按照新课程理念积极开展课程改革，借助有效的措施激励教师进行创新，形成积极向上、和谐融洽的专业发展氛围，激发教师的幸福感和成就感。

（三）教育信念建构的行为反思

信念虽然具有坚定性和不易改变等特点，但并非是完全不可改变的。如果教师的教学信念有了动摇，不仅会阻碍自己的教育教学工作，还会对教育教学实践产生消极的影响。因此，教师要不断地审视、检验和反思原有的信念。

首先是对自身经历的回顾。曾子曾说："吾日三省吾身。"教师应该时常对自己的教育信念进行反思，通过写教育反思日记等方式来反省教学行为，使教育信念获得及时的调整和修正，挑战对教育实践产生消极作用的教育信念。其次广泛阅读拓宽视野，将获得的大量信息与其原有知识相结合，从而更新原有的教育信念。三是群体观念的碰撞。在不同观念的碰撞交流中不断更新和完善知识和观念，摒弃那些内隐于教学行为中不合理的信念。

第二节　幸福教师的教育哲学

什么是教师的哲学？奈勒认为，"个人的哲学信念是认清自己的生活方向的唯一有效的手段。如果我是一个教师或教育领导人，而没有系统的教育哲学，并且没有理智上的信念的话，那么我们就会茫茫然无所适从"。[①] 教师与其他社会职业最大的区别在于关心学生生存、促进学生发展，这也是教师人文哲学素养的核心，缺乏教育情感与教育方法的教学不是真正的教育。可见，教师应该具备良好的教育哲学素养，在教育教学过程中借助哲学的情感和哲学的方法使课堂教学真正成为一种艺术。

教师需要教育哲学的引导。每位教育工作者都应该找到和形成自己的教育哲学，了解在教育领域内什么是好的、正确的和值得做的。教育哲学可以增进教师的理性，使教师明白自己所需承担的责任及教育的目的，促使其成为更专业的教育工作者。

一、教师的哲学素养缺失考量

教育哲学是一种实践哲学，指教师借助哲学的概念、方法，运用哲学的理论思维来理解和研究教育领域的基本或重要的教育现象及问题，运用哲学方法分析教育问题，形成自己系统的教育理念、教育态度和教育方法，并融于个

① 陈建华．基础教育哲学 [M]．上海：文汇出版社，2003：290.

人的教育教学实践行为中，形成个人的教育智慧。通过分析我国目前教师在教育工作中的现状，就会发现某些教师个人教育哲学素养的缺失，使得教师缺乏一定的哲学情感和哲学方法，从而产生一些问题教师、问题教育。教师没有自己的教育信念，自身的思维品质便会存有缺陷，新的教育理念不能心领神会，解决具体复杂的实际问题时更不可能运用自如，不能形成自己教育的“深层建构”。分析其原因，主要有以下三方面。

（一）教育哲学情感的缺失——教师缺少职业兴趣和热情

“教师的教育哲学情感，是指教师对所从事的对于人类知识、思维和人性的教学培育工作，所发生的具有肯定性价值的心理反应。”① 逃避现实、抱怨被动的消极情感会让教师产生教育懈怠，如果教师肯定自己所从事的工作，则能调动教师全身心的力量投入到教育教学工作中去。

积极的教育情感可以让教师达到更加宽容、进取的精神境界，使教师能够乐观地接受教育过程中的琐碎事务，使师生之间、教师之间、教师与学校之间呈现出最大限度的协调性，从而最有效地去完成正在从事的教育活动，在师生情感的和谐共融中实现最大的教育教学效果，能够获得职业的自信与自豪感。这就是教师教育哲学情感的价值所在。

教师缺乏一定的哲学情感，在复杂的社会现实和实际的教育困难中容易迷失方向，不能客观公正地对事物进行分析，不能正确地认识和把握自己的教育行为。这样封闭的教师思想会对学生造成一定的伤害，甚至严重影响到学生健全人格的形成。所以培养教师的哲学情感、激发教师对教育教学工作的热爱就显得尤为重要。

（二）教育哲学思维的缺失——教师缺少基本反思意识

教育哲学是反思之学，反思是思维对存在的反思关系，构成人类思想的哲学维度，决定哲学思维方式的根本特性。教师如果在教育实践过程中没有把外在的教育哲学思想、教育哲学理论内化为自己的教育哲学思想，形成自己的

① 朗华儿．教师的教育哲学素养 [J]．江西教育，2006（21）：29.

个人教育哲学思维，就会导致教师专业发展被动，出现教师教学过程机械化的现象。

“教育哲学素养强化了教师进行价值反思的意识与能力。一方面教师在教育教学实践中，对自我行为表现及其行为的依据进行反复思考和修正，不断提高自身教育教学效能和素养。另一方面，教师对教育的现在和过去进行价值反思，做出符合教育发展趋势的教育决策。”①

哲学思维的缺失导致教学方式的陈旧。有些教师缺乏反思意识，在长期的应试教学过程中习惯于自己的教学方式。教学方法机械死板、教学内容单调枯燥、组织形式千篇一律，这使得课堂气氛沉闷乏味。这些教师只是“把知识传授作为教学的主要任务”，把学校当成是培养考试“产品”的一个大工厂。为了应付考试，很多教师采用填鸭式教学方法，训练学生的应试本领，将本应该生动、活泼的课堂变得枯燥无味。

真正有价值的理论研究成果，都是有正确的教育哲学理念支撑的。石中英教师指出：“缺乏哲学领域的支持和帮助，无论是教育理论工作者还是教育实践工作者，都无法对教育目的进行深思熟虑，都无法真正地寻觅到教育的意义。”② 很多教师外出学习归来，却很难运用学到的成果，究其原因，是因为只知其然而不知其所以然，由于缺乏价值反思的哲学思维意识，对别人的研究成果只能机械套用或盲目照搬，在实践中难以取得自己意想中的成果。只有具有哲学意识的教师，才能对别人的研究成果不断反思，从而逐渐内化为自己的理论，增强教师专业发展的主体性。

价值反思的哲学意识，能够使教师清醒地认识到自己的根本处境和基本状况，促使教师不断地追求和完善教育工作，努力实现教师专业发展的超越。

（三）教育哲学精神的缺失——教育倾向功利化

教师个人的教育哲学素养在精神境界上的缺失，对教师自身的职业追求和学生的成长都有着重要的影响。任何教育在过程上不能给受教育者带来幸福

① 郎华儿．教师的教育哲学素养的基本内涵初探 [J]. 教书育人 ,2005(11):29-31.

② 石中英．论教育哲学的必要性 [J]. 教育研究与实验 ,2002(2).

感，或是其结果也不能给受教育者带来幸福感，那么这种教育的幸福价值功能就是缺失的。

1. 功利教育阻碍学生幸福能力的发展

站在以人为本的高度看，所有的教育都应当是人性教育和幸福教育，人性教育的过程和目的也是为了人的幸福，所以归根结底还是幸福教育。值得反思是，我们当前的教育还处于“应试教育”阶段。

应试教育把知识变成僵硬的教条，教师单纯为应试而教，以灌输的方式教给学生，学生学习的目的是考个好成绩、找份好工作，阻碍了学生智慧和情感的发展。只注重知识的灌输和记忆，不重视自身修养与素质的提高，学生素质的全面培养和扎实的基础训练受到影响和抑制。叔本华指出，人总是在追求各种欲望的满足，未满足时异常痛苦，一旦满足则会空虚和无聊。所以教育功利化倾向的结果是学生感知幸福能力的下降，最终丧失幸福感。

2. 功利教育束缚学生个性的发展

教育活动功利化会把人当作社会发展的工具，知识仅仅也是一种工具，教育降格到只为应对考试，为谋求职业做准备的层次，而教育的文化和精神价值却被漠视。这样导致教育进一步失去人文本性。其最令人质疑的地方就在于：教育过程同人性和生命严重脱节，导致人的片面发展，难以培养高素质的创造型人才，难以真正给人带来幸福。就像苏霍姆林斯基所说的：“学生在学习、在掌握知识，然而实质上却没有精神生活。”[①] 这样的教学过程，必然严重束缚了学生个性的充分发展。

教师个人教育哲学思维的缺失是教师对教育哲学研究的基本问题缺乏思考，教师只重教书不重育人，丧失了应有的文化底蕴和人文气息，原本拥有的教育信念也逐渐失落，更谈不上教学哲学素养的提升。

---

① B·A．苏霍姆林斯基．给教师的建议 [M]．杜殿坤，译．修订版．北京：教育科学出版社，2005.

二、教师的哲学素养价值

“教师个人教育哲学是教师的教育理想、信念的集中与浓缩，是全部教育工作的出发点与归宿，是教师个人在长期的学习与实践的基础上积累而形成的对教育的基本看法。”长期以来，教育哲学成为哲学家的专利，与一线教师、一线教师的教育实践相距甚远。所以，鲜有一线教师去热爱教育哲学，去研究教育哲学。哲学是一个教师从事教育工作的灵魂所在，美国教育哲学家奈勒说过，“那些不应用哲学去思考问题的教育工作者必然是肤浅的。一个肤浅的教育工作者，可能是好的教育工作者，也可能是坏的教育工作者——但是好也好得有限，而坏则每况愈下”。[①]

（一）坚定教师的教育理念

教育理念受哲学世界观的影响，有什么样的哲学观就有什么样的教育理念，有什么样的教育理念就会有什么样的教学行为。因此，教师的哲学素养影响着教师对教育行为的选择。

教师从事教育活动，很自然而然地形成一种教育教学习惯，没有刻意地以某种教育哲学理论作为教学行为的指导，似乎与高深的教育哲学扯不上关系。但是不断地追问探讨，我们就会发现，教师的每一个教学行为后面其实都有一个哲学信念在支撑。提升教师的教育哲学素养，会坚定教师的教育理念，因为他的教育行为是一种有意识、有目的行为，不仅知道“我在做什么”，而且知道“我为什么这样做”，会将教育看作是发现自己生命的意义的寻求者和守望者。比如教师管理班级在学生的问题上，有的教师认为学生是没有自律意识的，就是要张扬教师的师道尊严，对学生严加管理，这样才能成为一个优秀的班级；而有的教师认为应该赏识学生、尊重学生，给学生充分的发展空间。同样是班级管理，为什么会有截然不同的做法呢？其背后的根源就是教师所拥有的教育哲学观不同，所以形成了不同的教育管理理念。

---

① 桑新民．呼唤新世纪的教育哲学：人类自身生产探秘 [M]. 北京：教育科学出版社，1993.

教师要以哲学思维有意识地选择自己认同的教育理念，通过具体的教育教学活动来践行自己的教育理念。在幸福教育哲学的视野中，教师会让教育为学生未来的幸福而努力，让学生的学习真正成为学生所乐意从事的活动，给学生提供全面发展和表现自己能力的机会，体现个人的自我实现的价值。所以教师将幸福的理念贯穿于教育的全过程，要关注学生的全面发展和个人幸福。

总之，教育哲学为教师的行为提供了指导和帮助，是教师的教育信仰和追求，在批判中建构新的理论，就会坚定自己的教育信念，拥有自己对教育的判断，明确教育的方向和标准，实施价值引导，其教育活动必然是有追求的，教育生活必定也是鲜明而富有个性的。

（二）滋养教师的教育智慧

教育哲学不能提供教育技能，也不能教教师每一步教学应该怎么做，但是教育哲学能引领教师进行教育的思考，从研究的视角从事教学工作，不断地发现问题、思考问题、研究问题，从而增强自己的思考力、感悟力，不断地提炼新见解、新观点。教师在这种思考的基础上，综合考虑学生特点、教育场景、个体人格，生成教育智慧，全面地提高自己的学术水平。

哲学从本原上说，是同智慧相关涉的。哲学智慧是指教师运用一定的哲学知识、哲学思维提出问题、分析问题和解决问题的实践能力。教育智慧的形成与发挥过程是提高人的价值的过程，是实现人的创造潜能的过程，所以教育哲学滋养深层教育智慧，既有对教育智慧的爱，又有教育智慧的生成。魏书生的班级管理模式、邱学华老师的尝试教育等，不知有多少教师在模仿、运用，其效果却差强人意。因此，我们在现实中也看到，那些有成绩、有造诣的教师，随着自己专业发展，他们有对自己行为背后理念的反思，有自己的教育主见和教育智慧。究其根源，是因为他们有着对教育哲学的强烈需求，对教育活动能够进行反思、批判和创造，从而把握了教育的灵魂和教育工作的核心，能够以科学的实践影响学生，促进学生幸福健康地发展。

“教师拥有教育哲学，就会理解教育智慧所倡导的‘智慧’表现为教育的一种自由、和谐、开放和创造的状态，表现为真正意义上尊重生命、关注个性、崇尚智慧、追求人生幸福的教育境界。”教育哲学素养能够激发教师个体的教育精神和教育智慧，自觉践行教育的使命与责任，使学生学会自主创新性的学习，并获得自我表现成长的翅膀。

（三）提升教师的人文素养

人文是一种思想，一种观念。教师的人文素养是指教师在教育的过程中所具有的人文知识和人文精神，是教师自身人格魅力的重要特征。教师的人文素养表现为具有渊博的知识、优雅的教学风度，满怀人文热情，能全面反映当代的社会文明程度，在教育过程中用生命去教书和育人，修炼学生的人文品格，与学生展开生命与生命之间的交流和对话，提高他们的思想和精神境界，引导学生发现生命的意义和价值，不断地促进生命的完善与升华，从而感受幸福的人文情怀。作为人文素质重要表现力的一面，教师进行人文品格的修炼也是必不可少的，包括教师的专业责任和专业精神，能促进学生的个性发展，追求完美的独特个性，具体表现为课堂上溢满感情的话语、灵活多变的教学方法、合理恰当的课堂结构。

基于教育哲学的研究才能还原教育的人文本性，使基础教育走向人文关怀。作为一名教育工作者，教师只有具备正确的教育哲学观，才能引导学生树立正确的价值观，从而用具体的行动来引导学生。这种行动不仅仅停留在课堂中，在课外任何地方、任何时间都需要教师用自身的人文行动等对学生进行感染，如教学语言的情感陶醉，教学过程的人文浸染，精神与气质的润物无声等。这样教师的人文素养最终会对受教育者产生深远影响，帮助学生逐渐形成良好的人文素养，教师也随之会感受到幸福人文情怀。

因此，教师的人文素养，不仅决定着自己的精神状态，而且直接影响教师进行精神教育的能力，而教师人文素养的提高，同样离不开哲学素养与教育哲学素养的支持。

三、教师哲学素养的提升路径

“真正的教育只有真正的哲学家才能实施”，优秀的教师往往都是哲学家，知道如何借助各种资源来优化个人的哲学，提升个人的品质。事实上，每一位教师都有个人的哲学。有的教师能够对自己的哲学进行反省和提升，但有的教师却无视、轻视和放任；有的教师虽然认为教育哲学很重要，但是也可能被哲学的晦涩深奥吓退，甚至不知道何时需要哲学，如何运用哲学。所以提高教师的个人教育哲学素养，是振兴教育事业的迫切要求。教师首先要学习、研究教育哲学以增强哲学素养，然后才能以哲学的立场、思维和方法透视教育实践，分析教育问题。

（一）丰富幸福教师的哲学知识

教师要想把自己拥有的知识有效地传递给学生，需要所教授知识以外的知识来支撑他的教育生活，这就需要学习进行教育思考的工具——教育哲学。

教师学习教育哲学，必须理解“哲学是教育哲学的给养，是思考教育哲学的工具”。学习和研究哲学要以教育哲学名著为重点。如康德所说，不是“学哲学”，而是“做哲学”，学习哲学家对哲学问题的思考和哲学家基于问题的对话，走进他们的内心，在和哲学家对话的思维过程中便形成了自己的思维方式，学会了“做哲学”。

教师职后教育是丰富和提升教师哲学素养的重要途径，培训者应该精心设计培训内容，结合教师的教育教学实践传授教育哲学的基本理论，畅谈对教育理论的理解和运用，促使教师开展以问题为核心的哲学研究，找出他们思考问题的共同点和不同点，更多地要考察他们思考问题的独特性，从中受到思维的启迪，形成自己的判断，才能真正丰富教师的哲学知识，才有可能滋生教师个人的教育哲学，锤炼幸福教师的哲学思维。

（二）提升幸福教师的思考能力

教育哲学充满反思与批判，“学习和研究哲学，并不是简单地面向文本、面向现实和面向自我，而是在自觉的反思取向中实现这三种‘面向’”。[①] 这就需要教师树立价值反思的哲学意识，在反思中提升自己的思考能力，拥有一

① 孙正聿．哲学通论 [M]．修订版．上海：复旦大学出版社，2005：301.

种独特的理解教育方式，推动教师思维品质的优化和发展。

如果教师以“不变应万变”的心理和行动教书育人，又怎能适应教育的发展，怎能追寻幸福教育、培养健康发展的学生呢？面对个性丰富、具有差异性的一代又一代的学生，需要教师从哲学的角度反思教育实践、反思教育理念。

教育实践反思主要是指反思教育经验、教育习惯、教育常识，在教学中多追问为什么，灵活地使用各种方法，如归纳法、演绎法、辩证法等更广泛地获得思考问题、解决问题的途径，改变按照经验来行动的习惯，提高教师的理论修养和抽象思考的能力，并透过教育现象把握教育的本质和规律，有助于教师思维品质的整体完善。教育理念的反思指的是教育实践背后的支撑理念。教师的每一个教育活动，都受教师特定教育价值观支配。这就要求教师就教育本质、教育目的、教育价值等教育理念展开追问。这种反思最终就变成哲学的问题，提升教师的思考能力，并指引着教师进行关于教育的理智思考和理智施教，最终改变个人旧的教育观念，形成新的教育观念。

（三）提升教育哲学的生命活力

马克思主义认为，理性认识必须以感性认识为基础。现代教育哲学也正是沿着这一轨迹发展，寻求问题背后的原因，反思问题的根源，从根本上解决问题。

没有教育生活的体验，就无法发现教育实践中存在的问题，感受不到教育改革的必要性，也就不会拥有有价值的教育哲学。这里所讲的实践，不是简单地去做，包括自己的教育实践，也包括他人的教育实践。在新时代背景下，教师要不断加强对哲学思维的训练，学会反思，培养问题意识。在对教育实践的不断追问中加深对教育问题的思考，在实践与理论的相互渗透与完善中不断提升其哲学修养及研究水平。

知行合一的教育境界，要求教师在对教育问题的重新思考中发现其生命的价值与意志的追求，自觉践行教育的使命与责任。在哲学智慧引导下，形成教师个人解决教育问题所具有的独特智慧，透过教师的影响引导学生不断追求生命至真、至善、至美之境界，促进学生健康和谐发展，对教育以及整个社会都具有不可磨灭的价值意义。

第三章

“觉者为师”：幸福教师的专业化超越

教师是对人的生命最敏感的人。教师把自己的心放在学生的生命上，他的智慧就是从生命中流淌出来的智慧，这是我们追求的真正的教育智慧。此时，教师的生命体验、教育体验和智慧体验达到了高度融合的无痕境界。这样的人生，这样的教师生命，我心向往之。

——华东师范大学教授 李政涛

教育是一个使教育者和受教育者都变得更加完善的职业。反思教师专业化带来的困境与危机，时代呼唤教育的生命自觉，呼唤教师的生命自觉，走“觉者为师”的教师发展之路，实现教师对自我人生的自觉，已成为未来发展趋势。因此，学校管理者要将生命自觉确立为办学核心价值追求，通过培育教师的生命自觉，不断提升教师的生命意义，培养具有生命自觉的幸福教师。

第一节　唤醒生命自觉，教师的幸福起点

立足社会转型发展的时代背景，反思教师专业发展的困境，唤醒教师的生命自觉应首先认识教师生命的特殊性。教师的生命自觉要求教师走“觉者为师”之路，用生命自觉价值引领教师走出教师职业“倦怠感”误区。

一、教师发展的生命问题意识

一般来说，教师发展既包括专业发展，又包括生命的发展。作为“人”的生命发展，是教师发展的基础；作为“师”的专业发展，是教师发展的有机构成部分。

（一）“觉者为师”的必要性

教师的发展经过了“知者为师”（职业化时期）、“能者为师”（专业化时期），随着时代的发展，教师的发展正在向“觉者为师”的“后专业化”时代迈进，以“知识权威”“能力权威”自居的教师已不再备受青睐。在国内，教师发展的历史漫长而又曲折。氏族部落时期，是“长者为师”的时代，那时候，谁的年龄大、经历多，谁就能当老师。原始社会末期和奴隶社会，属于“吏者为师”的时代，那些掌管文化典籍的官吏就是教师。封建社会时期，是属于“学者为师”的时代，这一时期不管是在私塾还是在官学，饱读诗书、有学问的人才能成为教师。清朝末年，开始对教师有了能力上的要求，一个“能者为师”的时代开始了。从此，教师这一职业开始朝着专业化方向发展，但仍然没有摆脱“能者为师”的框架。

伴随着经济社会的发展，教师精神的世界发生了巨大的变化，教师承受着从未有过的压力，同时也面临前所未有的挑战。教师职业倦怠像风一样在教师群体中蔓延、肆虐，深刻地改变着教师，影响着教育。

教师只有在精神上觉醒了，专业上觉悟了，才会在教育实践上自觉。我们正处于一个迎接"觉者为师"的时代，是历史发展的必然，也是教师发展的更高境界。

（二）教师生命意识缺失的社会原因

社会对教师的关注度越来越高，无形之中增加了教师这一职业的工作压力。许多教师在教育中逐渐失去了自己，失去了主动发展的意识，甚至产生了职业倦怠。一项调查研究表明，教师认为影响个人幸福指数的原因，排名第一的是"学生成绩排名和升学压力、学生难教、难管理，家长的不理解"，其次才是"工作烦琐、单调，上级部门的检查太多、社会对教师职业的误解和偏见"。在当前应试教育背景下，教师面对社会和众多家长的期待，压力很大，很容易随波逐流。在这种情形下，人的价值荡然无存。

（三）教师生命意识缺失的根源

教育工具观把教育作为社会发展的工具，只看到教育的外在价值，看不到教育本身的价值，教育在发展人自身的价值，看不到教育在提升人性方面的价值。[①]很多一线教师疲于应付繁忙的日常工作，他们的付出更像是一名体力工作者。我们并不否认教师学科知识的掌握和教学技能的提高在个人专业发展中的作用，尤其是在青年教师成长中的作用，但无论对青年教师还是成熟教师来说，如果教师的专业发展只走一条技术化的路子，最终会失去教育的"生命价值"，无法支撑起教师专业化。[②]如果教师把教育的全部价值都体现在学生的成绩和分数上，不顾学生心灵的陶冶和生命的成长，那么这种体会不到教育过程的愉悦和幸福的教师，怎么会让学生幸福成长？何谈教师的幸福？

---

① 冯建军．教育的人学视野 [M]. 合肥：安徽教育出版社，2008:143.

② 朱新卓．本真的教育理念：教师专业发展的重心 [J]. 高等教育研究，2007（9）.

二、“觉者为师”的内涵

谈论教师队伍建设，我们不一定必然联系教师专业化发展，因为专业化并不是未来教师发展的唯一方向。叶文梓研究员认为，教师发展还有另一种思路——“觉者为师”。所谓“觉者为师”，是指教师对自我人生的自觉，成为自觉自主的“我”。对教育的自觉，成为“人师”；对文化的自觉，担当时代使命。“觉者为师”是超越教师专业化发展困境的内在要求，走向“觉者为师”需要教师自我更新教育生活、积极建设社会生活。

（一）“觉者为师”的发展自觉

教师不只是一种职业，也不只是一项专业，而是一种生活方式，应当具有对生命、对教育、对文化的自觉。具体而言，“觉者为师”强调以下三点：一是对生命的自觉。“觉者为师”，意味着教师作为从事文化教育事业的特殊群体，相较其他群体更自觉地追求自我，达到更高的自我发展水平。二是对教育的自觉。“觉者为师”是对教师这一职业的责任和使命的反思与超越，是对培养什么人和怎样培养人的生命自觉。三是对文化的自觉。教育不单单是师生间纯粹的知识传授过程及学生能力的训练过程，教师应当具有使命意识，自觉地推进立德树人。

（二）“觉者为师”的修为

“觉者为师”，需要各种社会条件的支持，但更根本、更重要的是教师的自我修为。唯有如此，教师在生活中才可能成长为“觉者之师”。

1. 自我更新教育生活

“觉者之师”最直接的是在教育生活中成长起来的。教师的教育生活是一个不断展开的过程，既包括教师自己作为学生经历过的教育生活，也包括自我作为教师之后的教育生活。正是在不断地自我更新与进步中，教师才可能成长为“觉者之师”。

如何成为“觉者之师”？

一是保持教育生活的反思性。当前，反思已被普遍重视，但问题在于什么样的反思是有效的。很多教师在反思中往往以权威为标准，以各种各样的教育理论为标准，努力地把自己导向权威所在的地方，导向理论所指引的方向，结果在反思中把自己搞糊涂了，越反思越不知道怎么办。“觉者之师”要保持对教育生活的反思性，不管当前的自我是一种怎样的状况，教师唯有从自我出发，围绕自我展开反思，才可能促使自我成长。这需要教师在心底上构建起对自我的信心。很多教师对自我缺乏信心，觉得自我很普通很平凡。而事实上，任何一个自我都具有内在的丰富性。如果教师觉得自我贫乏，并不是因为自我缺乏内涵，而是自我丰富的内涵被遮蔽了，没有成长起来。反思，在根本上就是要为自我去蔽，真正发现自我内在的丰富性和神圣性。对教育生活而言，反思永远是真实的自我的反思。

二是走向对话。对话是敞开自我、接纳对方，构建“我与你”的关系的过程。当“我”与“你”相遇，“我”因此更加丰富。

三是投身研究。研究与教学，是“觉者之师”不可或缺的两个轮子。没有研究，就没有持续的提升和超越。研究的意义在于通过问题的提示和导向，推动教师迈入新的领域、新的视角、新的境界，从而构建起教师持续发展的内在动力机制和自我更新机制，促使教师持续发展。

2. 积极建设社会生活

教师对社会生活的介入，不只局限在岗位上，更为重要的是在对社会生活的整体和长远发展中担负着责任。教师介入社会生活最适合的方式就是担当和建设。

在社会转型的今天，作为公共知识分子的教师有着更多的责任和担当。成为“觉者之师”，重要的就是自我要求、自我实践、自我担当、身体力行，用自己的行动、用自己的品格来影响和示范社会。

三、幸福教师是自我生命的“觉者”

叶澜教授曾说过：“时代呼唤生命自觉，生命自觉是‘新基础教育’追求的核心价值观。”生命自觉应该是整个教育改革的价值取向，它决定着教育的体制和制度、课程和教学的方向。

（一）有生命自觉的“觉者”特征

教师生命具有不同于一般人的生命特殊性，主要表现为教师生命过程的特殊性上。教师的教育对象是活生生的生命——学生。教育的本质是生命与生命的对话与交流，教师的生命质量也是在不断地与学生生命的碰撞与转换中提升起来的。因此，教师的生命不仅关乎自身生命，而且还关系到学生的生命质量。因此，从“生命教育”的角度说，教书不仅仅是谋生的手段，更是一种使人类和自己都变得更加美好的生命存在形式，教师生命的特殊性在于不断体现生命价值，造就有教育智慧的职业人生。

自觉是人的生命成长和发展的基本取向，它强调人的生命发展主要是内在动力主导和自主推进的结果。其中，自觉之“觉”，兼有觉知、觉悟、觉解之意，指向对自我生命、对他人生命的领悟，以及对个体生命所处外在环境的感知和理解。总之，有生命自觉的“觉者”，具有“明自我”“明他人”“明环境”三大特征。

（二）教师生命自觉的体现

教师的生命自觉，首先体现在对学生的培育上。有生命自觉的教师，会自觉地从生命的角度发现学生和研究学生。在培育学生生命自觉的过程中，会追根溯源，寻找破解影响学生生命阻绝的相应策略。教师的生命自觉，体现在对外在环境的体察上。有生命自觉的教师，会以生命自觉的眼光，判断环境的教育价值，从容地调整教育和环境之间的关系。教师的生命自觉，还体现在自觉地重建自我的精神生活上，通过自主、自觉的学习和研究来丰富、完善自我的精神生活。

（三）教师生命自觉的价值转化

培育学生的生命自觉关键在学校。学校的首要职责是将以生命自觉为核心的当代主流价值取向传递给学生，变为学生生命发展中的内在构成。

首先，要将生命自觉的价值取向转化为日常教学目标。教师要把在学习、沟通、互动、对话中培育学生的生命自觉的意识和能力，作为基本的教学目标。

在教学内容的选择上，应为学生提供更多的有助于其主动参与、主动实现与生活世界和个体经验世界相沟通的内容。

其次，要以生命自觉的教育教学方式培育生命自觉。通过开放、平等、互动、交往、对话式的教育教学过程，来达成受教育者的生命自觉。要将课堂还给学生，把时间和空间还给学生，让学生有更多属于自己的时空思考和实践，把提问权、质疑权和评价权还给学生，让学生有权和更多的机会对教师、同伴、教材自觉提问、质疑和评价……

再次，要将学生的生命主动发展权还给班级，使学生真正成为班级的主人。要将生命自觉融入班级文化建设、班级岗位建设与小干部培养、班级主题活动的开展等多项工作中去。重建学生在校日常班级生活的价值观，引领学生从“被发展”转向主动发展，从依赖走向自立和独立。

最后，要将生命自觉的价值取向转化和渗透到教育管理和领导过程中。让管理者在领导教育改革时，时常反思：现有的管理方式是否满足了培养生命自觉之人的需要？是培育了生命自觉，还是压制了生命自觉？如果是后者，该如何改变和重建，才能达成理想的目标？要把生命自觉之魂融入制度设计中，使教育制度从管人、限制人、束缚人的制度转变成促进师生自觉发展的制度，成为具有培育生命自觉价值的制度。

学校要围绕教师评价制度，把教师是否有自主学习的意识、能力和习惯，尤其是将学习内容转化到日常工作中的转化意识、转化能力和转化习惯，作为评价的重要标准。因此，有的学校尝试重建教师听课制度，把出去听课回来后是否主动面向全组甚至全校老师上样板课或改进课，作为考核教师学习是否有效的新型制度。

第二节　教师的使命：唤醒学生的生命自觉

教育是唤醒生命自觉的伟大事业。教师有了生命自觉，就可能自觉主动地去唤醒学生的生命自觉，就会自觉主动地加强对学生的生命教育，最终促进学生的生命自觉，让师生在生命自觉里尽享幸福的生活，从而逐渐实现教育促进人生幸福的目的。

一、生命教育及其价值

教育的起点是什么？教育为了什么？不同的教育者用不同的语言和行动做出了不同的回答。有的人强调教育是为了学生的升学考试和就业，有的人强调教育是为了促进社会公正和谐和发展。个体生命的成长与幸福，是教育最高的价值追求。

（一）生命教育

1. 生命教育的内涵

教育是最具生命的事业，它不仅关注生命的发展，而且要基于生命的需求。生命化的教育，简单地说就是化育生命的教育，它是基于人的生命，通过人的生命，促进人的生命，提升生命的质量的教育。生命教育顾名思义，就是将生命作为教育的主题，围绕生命本身的存在意义开展的教育活动。

生命教育的内涵，可以概括为：为了生命的教育，关于生命的教育，充满生命气息的教育。

首先，生命教育是为了生命的教育。一方面意味着教育要服务于学生生命的完整成长，促进学生的自主发展、和谐发展、有特色的发展和可持续的发展；另一方面意味着教育要着力培养学生营造幸福人生的能力，引领学生过高质量的精神生活。

其次，生命教育是关于生命的教育。生命教育就是引导人们关注生命、了解生命、认识生命的教育，是阐释生命现象、生命过程和生命本质的教育，是探索生命与自我、生命与他人、生命与社会、生命与世界关系的教育。

再次，生命教育是充满生命气息的教育。生命教育的过程和方法充满生命的气息，涌动着生命的活力。它除了教人尊重生命、热爱生命、提升生命价值、享受独特的生命意义以外，还要将师生从束缚中解放出来，师生在学校的每一段时光都荡漾着生命的情怀。

（二）生命教育的价值

生命教育的价值体现在：一是有利于培育和践行生命至上的价值观。生命教育的首要意义在于肯定和重视生命的价值，把生命的价值摆在至高无上的地位。一个真正懂得珍爱生命的人，一定不会以牺牲生命内在的成长和幸福，去换取金钱、权利和名誉等外在之物。二是有利于倡导和形成"生命化"的教育过程。生命教育强调用生命去温暖生命，用生命去呵护生命，用生命去砥砺生命，用生命去滋润生命，用生命去灿烂生命。生命教育更加重视教育的过程，让教育者更加关注和优化教育过程，使教育过程变得富有生命乐趣和活力。

二、生命教育的实施

20世纪90年代，以叶澜教授为代表发起的"新基础教育学派"提出"让课堂焕发出生命活力"的倡议，开展了"生命·实践"教育研究。人们开始从生命的视角思考教育理论和教育实践的问题。实施生命教育，应遵循其规律重建学校发展内核，充分唤醒教育者和受教育者的生命自觉。

1. 建设充满生命情怀的精神文化

生命教育校园文化建设最关键的是对学校使命、愿景和核心价值的选择和坚守。生命教育的使命是为幸福人生奠基，为自由社会培养人。生命教育的愿景体现为要让校园充满关怀、激励、温暖与成就感，并能陶冶出一种积极向上的人格，让每一个人都能够更加真切和更为丰盈地感到生活的意义和美好，从而以更饱满的热情投入生活、学习与工作。生命教育的核心价值体现在学校充满人性温暖的校训中，更体现在全体师生珍爱生命、尊重生命、欣赏生命、敬畏生命、感恩生命、成全生命的办学思想和教育行为中。

2. 打造富有生命张力的个性课堂

生命化的课堂是师生之间心灵相遇的场所，是关照意义世界和感悟生命之美的场所。生命化的课堂是充满理智挑战的课堂，能让学生感受到智力劳动的愉悦，感受到智慧之花尽情绽放；生命化的课堂是以快乐主宰的课堂，能让学生感受到人性之美、人伦之美、人道之美，唤起学生对生活的热爱与柔情；生命化的课堂是灵动开放的课堂，教室作为有限的空间，无法满足学生展示丰富独特的生命表现形式的更多需要，难以避免使生活过程变得死板、呆滞、程式化和模式化，生命化的课堂不局限于教室，它是学生在更广阔的时空中，更为个性化的学习与生活的方式。

3. 开发激扬生命的校本课程

明确生命教育课程目标，即帮助学生认识生命的真相、理解生命的意义、感受生命的美好、开发生命的潜能、呵护生命的尊严、提升生命的品质，实现生命的价值。

生命教育课程的内容，主要包括“了解生命成长历程的青春期教育”“守护生命的安全教育”“健康人格教育”“感恩教育与生命情怀的养育”“敬畏生命与信仰教育”“保护生命多样性的生态环境教育”等等。

生命教育课程实施的一个重要方面是资源的利用，凡是有助于学生生命成长的物质、精神的材料与素材，如图书资料、音像资料、风俗习惯、文坛掌故、名胜古迹、自然风光、与众不同的人和事等，都可以有效地开发和利用，促进学生生命及学校课程的发展。

4. 提升教师生命的幸福指数

用生命教育的理念武装教师，提升教育者的教育素养和幸福指数，是落实生命教育的根本途径。在学校教育中，对学生的健康成长来说，来自教师的陪伴和温暖是必不可少的。教师的温暖主要的体现在对学生的理解、尊重、体谅和激励上，教师给予学生的既可以是真诚的欣赏、热情的鼓励，也可以是明确的指引、良好的示范和建设性的建议，还可以是善意的批评和令人心悦诚服的惩戒。教师的温暖也体现在以自己精彩的人生唤起学生对成长的渴望和对未来乐观的向往，也正是在这种意义上，生命教育是以生命影响生命，以生命启迪生命的教育。如果我们的教师本身很冷漠，教师的生命状态本身不乐观的话，师生之间的相互温暖、彼此成全就很难发生。

5. 助力家长的生命成长

家庭是生命的诞生地，父母的生命观和生活习惯对孩子会产生潜移默化的影响，这种影响深深嵌入学生的生命发展之中，影响着他们对生活、对人生的态度和对世界的看法。学生个体总是在与家庭和学校的相互作用过程中构建自己生命成长的世界，如果把学校和家庭比作是两只手，那这两只紧握的手创造了学生明天的希望。而且，今天的学生将是明天学生的家长，因此，学校要肩负起父范学校或母范学校的职责，充分利用学校教育的平台和家校沟通的管道，促进家长的生命成长，家长的生命成长和成功人生不仅能为学生提供丰富的成长资源，也将为学生提供最真实和有效的榜样示范。

总之，如果我们的教育能够让学生学会热爱和欣赏生命，提升着他们生命质量和生命尊严的意识；如果我们的教育能够让教师更多地感到精神的充实和生活的愉悦，并总是信心满满地投入工作；如果我们的教育能够让家长感到信任、自觉地支持学校的工作并由此获得成长，那我们的教育就可以当之无愧地称之为生命教育。

第三节　自我成长：教师终身幸福的福祉

立德树人的根本任务要求我们要用生命自觉的价值取向引领教育改革，将生命自觉确立为教育改革的新价值坐标，努力培养师生的生命自觉。要培养学生的生命自觉，教师首先要有生命自觉意识。在教师发展中，对生命意义的体察之所以非常重要，是因为生命意义不仅是人类存在的本质，而且更是教师做好育人工作的要求。正确认识教师的生命意义，提升教师自身生命的价值意义，实现教师的自我成长、自主发展是幸福教育的必然要求，也是师生终身幸福的福祉所在。

一、教师发展的生命意蕴

教师的发展，首先是有目的的人的发展，然后是在具体环境和文化中的发展。真正的教师的专业发展，是在生命自觉意义上的对自身的超越。教师的生命意义，在自身的专业发展中体现为发展的目的性、整体性、实践性和超越性。

（一）教师生命意义体现为教师专业发展目的性

教师的生命意义，首先体现为教师专业发展的目的性，这个目的是指教师个人的目的。人是一个有目的性的动物，“人不仅拥有一个现实的世界，而且拥有一个可能的世界”，[①] 正因为人有了自己的目的，在现实世界中所有进入人视野中的种种事物和现象才有了意义。

教师的专业发展体现教师作为一个自主主体的目的性，要具备以下三个条件：其一，教师必须具有清晰而坚定的立场和价值观，这是教师行使“人”自由意志和主体性的出发点和归宿点。其二，教师必须有充分自主的愿望和能力，只有当教师专业发展的追求成为自我一部分的时候，教师才可能真正产生强烈的自主愿望。但仅仅有愿望是远远不够的，教师还必须超越环境以及他人的诱惑、限制，专心致志地做自己，走自己要走的路。其三，教师要具备自主发展的方法和策略。教师必须知道哪些途径、哪些资源可以帮助自己成长，遇到问题时如何快速解决，等等。

（二）教师生命意义体现为教师专业发展的整体性

教师的生命意义不仅体现在教师生命的目的性上，也体现为教师专业发展的整体性，具体表现在自我内部的统整以及自我与他者、自我与文化的和谐。

教师自身的统整是指教师身、心、灵的统一与整合。所谓身，就是教师自我的言行；心则是指教师的知识、经验和信念；灵则是教师的精神或者存在价值，也就是教师对自身存在意义的思考。身、心、灵的统一可以让教师把内耗降到最低程度，使自我有更多的自由和力量来不断发展，从而能够构建清晰的人生目标和价值体系，进入人生发展的快车道。

生命意义整体性，不仅包括人自身的统整，也包括人与他人的关系，这

① 高德胜．生活德育论 [M]. 北京：人民出版社，2005：404.

一关系构成教师专业发展的整体性的一部分。也就是说，教师不仅自身是人，所做的也是育人和成人的事业，因此提升自己对他人，尤其是对学生的爱的能力，显得尤为重要。在这方面，罗杰斯认为，教师对学生之爱，是不应该有任何附加条件的，不能因为学生学习或者纪律，甚至品行较差，就对其生出嫌弃之心。只有这样，一个教师在他人眼里，才是一个真正的师者，才是一个“人师”，而不是一个只会照本宣科、片面追求升学率的“经师”。因此，对人本身的认识而不是知识，才是教师专业发展的另外一个核心。

除了人与他人的关系之外，人与文化的关系也构成了教师专业发展整体性的一部分。教师必须学会和现有的文化和谐相处，并从文化中汲取一切可以供自己发展的资源和力量，不断在现有文化中发展壮大自己。愤世嫉俗或者与文化格格不入，都只会阻滞教师的专业发展。教师与文化和谐相处，首要的是学会对文化的有效解读。对文化中对自身发展不利的因素，教师也不能假装视而不见，而应该运用思维的力量，详细审视其发生、发展的根源所在，在其产生之前就进行消弭或者稀释。通过上述两种方式，教师可以提升生命的质量，让自身的发展更富有勃勃生机和生命意义。

（三）教师生命意义体现为教师专业发展的实践性

教师的生命意义，还体现在教师专业发展的实践性上。无论对教育者还是受教育者来说，教育都是一种生活方式，而且是一种日常生活方式。因此，教师的专业发展是在其经验基础上的发展，是在其生活世界中的发展。如果抛开教师的实际经验，把另外一套所谓“科学的”理论硬性灌输给教师，就消解或者稀释了这些内容对教师自身成长的意义。当然，这并不是说在教师专业发展中不需要重视理论，理论非常重要，但是必须和实践结合在一起。教师需要对实践保持一种研究态度，在实践中不断体验，对体验不断反思，形成个人实践理论体系。

（四）教师生命意义体现为教师专业发展的超越性

对教师生命意义的探寻，还表现在教师专业发展的超越性上。一方面强调的是对文化环境的超越。这种超越需要教师能够从现实文化的种种束缚中，以及从遮蔽身体和心灵的言说方式的禁锢中解脱出来，以自身的智慧更新对世界的理解，从而发现新的发展可能性。另一方面则是对自我的超越。这意味着教师必须认识到自己永远处于一种“未完成”的状态，永远是在专业发展的路上，因此需要不断反省自己的思维方式，从中发现内在的冲突，并在不断协调冲突的过程中把生命提高到新的层次。

二、教师发展生命意义的提升策略

于泽元、田慧生教授在研究中发现，现有教师专业发展的生命意义实践中，主要采用了反省策略、叙事策略和观想策略三个具体策略，让教师在获得专业技能发展的同时，重新唤起意义意识，构建积极向上的生命意识，走向智慧的、自主的专业发展之路。

（一）反省策略

反省就是对自我的重新再认识。海德格尔认为，人类和其他物种的不同点，就在于人可以意识到自己的存在，正是这种反省认识使人类超越了自然界的其他物种，可以自觉地修正自己的生存状态。而事实上，在日常工作中，繁忙而琐碎的事务往往使教师处于“行动之中”，而没有停下来思考的习惯。一项调查表明，绝大多数教师处于一种生命浓度被大大降低的状态，他们疲于应对不断袭来的压力，为学生的种种不规行为焦头烂额，很少意识到自己生命的存在，几乎从来没有思考“我是谁”“我是干什么的”等诸如此类的问题。即使一些非常优秀的教师，也只是在技术熟练地进行自己的工作，而很少思考“自己的工作究竟为了什么”“自己行动的背后，究竟蕴含了什么样的教育理想和追求”。

要从这种繁忙的行动中发现并提升自我生命的意义，教师必须学会成为一个反思性的实践者，不仅对行动反思，而且要在行动中反思；不仅对显而易见的行为反思，也要对那些我们平时注意不到却处处存在的缄默知识进行反思。在具体的反省策略上，有专家认为可以通过身份定位、潜在假设、思维模式、内在观念、外在行为五个层级进行。身份定位，即个体在追求什么人生价值，在人群中扮演什么样的角色；潜在假设，即有关思维模式背后的假设；思维模式，即有关观念是由何而来的思维方式的反思；内在观念，即有关行为背后的教育观念是否恰当的反思；外在行为，即有关行为是否有效的反思。教师在专业发展中的反省，可以从看到的行为出发，一直深入，直到对自我的身份和生存价值的反省。

（二）叙事策略

叙事实际上就是讲故事。人生就是一个精彩的故事，通过故事，我们会对他人、世界和自我产生认识，才会把自我与社会、世界联系起来。因此，在教师自我的专业发展中，教育叙事不仅可以改变教师的行为，而且可以成为教师对生命意义进行探寻和重构的重要途径。

教师专业发展中叙事策略的应用，可以分为外化、例外事件、解构、重写故事四个阶段。经历这一过程，一个崭新的自我就诞生了，教师获得了超越性的发展，生命意义也获得了很大的提升。在具体的实践中，在叙事之后，教师还需要把叙事获得的智慧应用于实践之中，在实践之后再进行叙事重写，会进一步提升教师专业发展水平。

（三）观想策略

观想就是把自我的期望“视觉化”，在自己所期望的事情没有发生之前，用眼睛去看，用耳朵去听，甚至用自己的皮肤去感触。在日常实践中，教师也会经常以这种方式在内心预演即将到来的课堂教学，或者与学生的交流。

观想策略的应用，让教师更容易理解自己的生命是如何运作和得到丰富的，降低自我对改变的防御。同时，通过内心的反复演练，让自己的未来成为某种内心的“真实”，成为自然而然的东西，在没有真实展开之前，已经进入了一个新的生命状态。此外，观想还让教师自己的目标和期望与文化环境充分结合起来，从而让自己的生命意义和文化契合起来，为生命意义的顺利展开铺平了道路。

总之，反省、叙事和观想三种策略把教师的理论和实践联结起来，内在和外在联结起来，意识和潜意识联结起来，不仅让其专业发展更具实践性，而且也为教师打破自我的束缚、实现自我超越创造条件，有力地解决教师专业发展中信念难以转变的难题。

三、自主发展是教师可持续成长的选择

自觉意识强的教师大多倾向于以积极的心态看待自己，能够准确地、现实地意识到自己所处的世界，具有自我满足感、信赖感和价值感，并对他人有深切的认同感。自觉意识强的教师能够充分地运用自我，充分地挖掘自身的潜力，实现自主发展，促进个体生命质量的可持续提升。

（一）自主发展：教师专业的内源性发展

教师自主发展，是指教师的发展需要以教师的内驱力为基础，在教师主动参与教育的行动中寻找经验，在不断的反思中发展实践智慧，从而得到不断完善和发展。教师只有立足自我，运用认知能力强化自我发展意识，依靠自我，进行自主学习、自主探究、自我诊断、自我实践、自我反思、自我调整、自我激励和自我创新，才能逐步主动地发展自我，不断实现自我超越。

（二）教师赢得终身幸福的“六自”策略

1. 自我发展意识

教师的自我专业发展意识既是教师成长的起点，也是教师专业发展的内在动力。叶澜教授指出，“独立的自我意识和自我控制能力的形成，它把个体对自身发展的影响提高到自觉的水平”。所以，教师自我专业意识将会促使教师自主性教学行为的提高，从而使职业生涯焕发出更加旺盛的生命活力，因而教师就会享受到更持久的幸福感。

2. 自主学习与探究习惯

教师的自主学习是教师个体发展的有效方式，而自主探究是教师个体发展的内在动力。自主学习，可以提升教师的生命质量，塑造教师丰富的、积极的、富有创造力的独立人格，使教师变得更有智慧，有更高德行，从而让教师享受到自主成长的幸福。因此，我们要营造一种支持性的学习氛围，使教师认识到学习与个人发展和学校的密切关系，使学习成为每位教师的一种职业习惯，

鼓励每位教师成为自主终身学习者。

3. 自我反思策略

教师反思的过程是一个自我回归、自我质疑、自我否定、自我批判和自我成长的过程。自我，既是反思的起点，也是反思的落脚点。教师只有具有主动反思意识和能力，才能对自己所学的理论、所持有的信念和经验以及所实施的教学实践进行深入的省察，使理论和经验在碰撞与互动中不断升华，从而成长为一名反思型、研究型的专家教师。

教师要从自己日常教学入手，在分析教学行为中进行反思；要从实际问题入手，在强化行动研究中明辨自我；要从自我评价入手，在自我评价中剖析；要从身边典型事例入手，在撰写教学案例中进行反思；要从自己擅长的方式入手，表述自己的反思研究行为。更新教学观念，完善教学行为，提升教学能力，促进自身职业生涯持续健康发展。

4. 自我建构能力

自我建构是指教师对自己的特长、能力、知识和价值观念等方面的自身建构。教师只有积极主动地参与自身建构，将学科知识和教育知识的学习纳入教师的自我建构中，主动建构自己的职业理想和专业发展规划，选择适合自身的专业成长模式，充分利用各种成长资源，进一步激活教师对人生境界更高层次的追求，促进自我完善。

5. 自我调控与评价机制

自我调控是一个自我审视、自我督促的过程，确保教师在遇到困难时不退缩、不气馁。自我评价能帮助教师准确找出自身专业发展中的薄弱环节和不足之处，促进教师达到自我更新的彼岸。德国心理学家克里格和巴特斯认为，每个人均蕴藏着超凡的能力，这种能力需要经过严格的训练和自我的不断激励才能被充分地挖掘出来。

教师要学会运用多样化、多层次的自我激励策略，在不断地自我鼓励中，获得满足、快乐、积极、稳定的情绪，千方百计挖掘自身的潜在价值，引发强烈的需求动机，唤起、激活和弘扬自身对人生境界更高层次的追求，从而促进自身的不断完善和自身价值的不断实现。

6. 自我超越

自我超越是指一个人能够按照自己设定的目标，尽一切可能创造想要的结果的意识和能力。具有自我超越品格的教师，能把个人专业成长当作一种义务和责任，通过持续不断的内省，重新审视自身的教育教学观念，重新认定自己的教学能力，重新认识、理解、修正自己的理想、价值取向，找到自身存在的不足、无知和发展局限，并以此作为再一次行动的出发点，不断实现自己内心深处的愿望，达到自我提高、自我跨越的目的。

总之，教师应培养自觉、自主的专业发展意识，关注自身的生命成长，通过自我激励、自主学习、自我反思、自我建构、自我调控、自我超越等，最终使自己成为一个具有可持续发展能力的学习者和自我建构的研究者。

第四章

幸福教师：完满的“教育人”

一个好的教师首先是一个人，是一个有独特人格的人，是一个知道运用自我作为有效的工具进行教学的人。

——美国心理学家　克莱德·库姆斯

我们生活在一个人人追求幸福的时代。但不同职业的人对幸福有着不同的理解。为了人的幸福就是教育的根本目的。这种幸福就是引领学生们追求本该属于他们自己的幸福，成为他们本来应该成为的人……而这一切的实施都离不开教师。试想：一位整日愁眉苦脸的教师，怎么能够培养阳光灿烂的学生？

不可否认，尽管造成教师缺少职业幸福感的原因有很多，但就教育本身来说，教师专业发展的不完满，特别是偏重教学专业化，但也不可忽略德育专业化被忽视的发展现状。本章从分析造成教师专业发展不完整的深层根源入手，探讨幸福教师应具备的职业素养及其幸福教师专业完整建构的规律和路径，以期为教师和教育研究者提供有益的参考。

第一节　教师幸福源自专业的完满成长

叶澜教授认为，“教育是一个使教育者和受教育者都变得更完善的职业，而且只有当教育者自觉地完善自己时，才能更有利于学生的完善和发展”。教师应在成就学生的同时，也成就自己，这样才能在为学生带来幸福的同时，感到身为人师的幸福。如此说来，如果教师不幸福，他就很难让学生的心灵感受到幸福，很难帮助学生走向幸福的人生。那么，在哪里才能找到真正属于自己的幸福呢？

一、教师幸福的源泉：完整的教育生活

教师，一个伟大的职业。人们常说，教师是蜡烛，燃烧自己，照亮别人，直至将自己燃尽；教师是春蚕，“吐尽心中万缕丝，奉献人生无限爱”。现在看来，这些比喻都是值得商榷的。它们在为教师带上光环的同时，又为教师加了一层无形的精神枷锁。

（一）教师的人本论

从教师本位出发，我们更应该从人文的角度去审视教师这个职业。教师也是人。教师作为人，和普通老百姓一样，也有个性，有思想，有情感，有自

己的生活圈子，有独特的幸福观和对幸福生活的孜孜追求。在传统的应试教育体制下，考试成绩作为考核与评价教师的唯一标准，无形之中束缚了教师的手脚，加剧了教师之间的竞争，日常繁重的事务性工作又大大消耗了教师的精力。广大的一线教师，长期生活在跟班、守班、坐班的轮替中，劳动强度可想而知，大量教师因此产生心理疲劳和职业倦怠，导致教师发展的停滞和幸福感的缺失。他们的教育生活仅仅是为了完成工作，和个人发展毫无关系，教师感受不到因从事这一职业带来的内在尊严、快乐和满足，其生命价值很难在教育活动中得以实现。

教育要面对当下，幸福的教育尤其如此。因为教育本身就是一种生活，而且是一种幸福的生活。教育在作为一种促进人们美好生活的手段时，它本身其实就是目的，我们应该让所有与教育发生关系的人都能在教育生活中体验到幸福。

（二）教师的职业论

教师作为从事教育的特殊职业人，其工作不同于律师、医生等职业。现代教学论认为，在教育过程中，教师将扮演着多种角色，从多方面影响着学生的发展，不仅仅是知识的传递者，还是学生的榜样，集体的领导者，人际关系的艺术家，心理治疗工作者，学者和学习者，以及学生的朋友和知己。教师工作的特殊性，就在于他们必须确保受教育的个体生命获得充分的成长，实现社会对一个合格公民的希望。所以，教师又不同于普通工作者。教师的职业是培养未来人的事业，不仅要关注当下，更应该关注未来。教师每天面对的是活泼的、纯真的学生，他们的个性、喜好、心情等都会影响到每一个学生。从这个层面上来讲，教师必须要注意调整好心态，调节好情绪，让微笑像阳光一样温暖地洒满教室，像春风一样和煦地拂过心灵。

（三）教育生活论

教育就是生活本身，教育的目的决定了教育生活的特殊性。既然教育的目的是努力让每个人过一种幸福而完整的生活，教育本身就应该是幸福和完整的。教育只有在幸福快乐的情景中，才能取得最好的效果。只有把工作融入教育的生活过程，确立“教育生活化，生活教育化”的理念，教育工作才会充满着创造的尊严与乐趣，教师的幸福感才会油然而生。

教育生活不仅应该是幸福的，而且应该是完整的。教师专业化的发展，就是要让所有教师过一种幸福而完整的教育生活。教师的一生不一定要干成什么惊天动地的伟业，在教育中享受着生命，和学生一起成长，定能感受到一路的幸福体验。让人成为一个完整的自己，这是教育的最高境界。这一目标的实现，需要一个既具备教学的专业化又具备德育的专业化的完整教师，一个完整的“教育人”。

二、教师幸福感遗失的追溯：专业发展失衡

在现实的教育生活中，身边总是不时出现埋怨教育环境不好，领导同事不行，物质待遇太低，课程改革太烦等的声音。为什么有那么多的教师感到不幸福？如果你认真观察，就会惊奇地发现，这部分教师在很大程度上存在着专业发展不完整的共性，因此产生了专业素养的缺失。他们在专业发展中存在明显的能力“黑洞”，只会教学，不会育人；只关注自己，不关心他人；只关注了业务能力的提升，而缺乏职业素养的修炼，很早就陷入了职业倦怠的漩涡不能自拔，但自己还意识不到。究其原因，是教师缺乏专业目标的引领、没有了明确的价值取向和缺失了科学的发展规划。

（一）缺乏专业目标的引领

教师职业作为一种以人育人的职业，对其教师专业水平提出的要求是很高的、无止境的，所以，作为一名教师，应该时刻告诫自己要追求卓越，崇尚一流，拒绝平庸。这就要求教师制定可操作性强、便于实施的专业成长目标，并在此目标的引领下实现自身的成长。教师专业成长的最终目标是享受教师职业幸福。

由此可见，教师专业成长与其幸福指数是相辅相成的，教师有较强的职业幸福感，就会有利于促进专业成长。反之，教师有了较高的专业水平和能力，也可以促进自身职业幸福感的提升。

（二）没有明确的价值取向

有部分教师仅仅把教师职业当作谋生的手段，而不是一种事业来对待，当遇到工作任务繁重、心理压力大时，就把工作当成了一种负担。这样的教师是不会有幸福感的。教师只有把教育教学作为一种事业，作为自己的一种生活方式，作为自己的人生追求和理想来对待，才能更深刻地理解教育事业对人类社会发展的重大作用，才愿意把自己的生命和智慧贡献给教育、贡献给学生，在学生健康、快乐的成长中，体会到自身价值的愉悦、生命的幸福。

苏霍姆林斯基说过："如果每个儿童的喜悦和苦恼都敲打着你的心，引起你的思考、关怀和担心，那你就勇敢地选择崇高的教师工作作为自己的职业吧。你在其中能找到创造的喜悦。"幸福的教师要从站上讲台那一天起，就及早确立自己明确的职业发展规划和职业理想。

（三）缺失科学的发展规划

教师不仅要有职业理想，还要有为实现职业理想而努力的动机，并按照自己的发展规划不断前行，才能让职业理想变成现实。教师的专业发展规划要对自己的能力、兴趣和需要等因素进行全面分析，充分认识自己的优势与劣势，明确发展目标、方向和路径，还要考虑实现目标所要采取的措施等。

教师的幸福主要体现在教书育人的过程中，体现在教师专业成长的方方面面。在教师的职业生涯中，要用创造的态度对待工作，把专业发展的过程作为实现人生理想的过程，积极创造幸福和享受幸福。这种发展不仅是教师教育能力的提升，而且也是教师个人整体素质的发展，也会带给人以幸福的体验。

三、幸福教育中的教师转型

教师的专业发展是教师扩展自己的生活情趣和整体素养的一种重要手段。教师的发展不仅仅是为了学生和学校的发展需要，更是为了教师本人能获得更充实、更有意义、更幸福的教育生活。因此，幸福教育呼唤教师职业素养的回归，促使教师向幸福教师转型。

（一）幸福教师的自我成长意识

自我成长意识既是教师发展的源头，也是教师专业发展的内驱力。马克思说："自由自觉的活动恰恰就是人类的特性。"① 作为具有自我意识的人，教师的这种自我意识会促进教师自主性教学行为的提升，让教师发展实现从不自觉到自觉、从他律到自律的转型。

自我专业成长意识决定着教师专业发展的自觉性和主动性的高低。教师自我发展意识越强，对个体发展的责任感就越大，自觉性就越高，其职业生命力就越旺盛。只有具备自我成长意识的教师，才能"理智地复现自己、筹划未来的自我和控制今日的行为"，使得"未来发展目标支配今日的行为"。② 确立自我专业成长意识，是教师主动地寻求自己的专业发展，促使自己向专家型教师迈进的关键。

（二）幸福教师的终身学习意识

学习可以提升每个人的生命品质，将个体塑造成更加丰富、积极并富有创造力的人格，让个体更富有智慧。在学习型社会背景下，终身学习不仅是教师自身发展的内在需求，也是每个教师走向幸福的有效路径。

教师的专业成长过程就是教师终身学习的过程，教师是自己专业成长的主人，最了解自己的真实情境，最知道自己存在的问题、不足和需求。他们会根据自身的需求程度，采取不同的学习方式，提升专业素养。因此，一位教师如果能成为一个终身学习者，将会不断地从学习中体验到幸福快乐，并将终身学习作为自己的常态行为一直坚持下去。

（三）幸福教师的自我省察意识

自我省察是教师自主成长的升华与完善。事实上，教师教育教学水平的提高需要省察，师德修养锤炼、教育理念转变需要省察，以及教学行为正确与否都需要省察。只有具有省察的意识和能力，教师才能对自己所学的理论、所持有的信念以及所实施的实践进行深入地分析，才能超越理论的局限，才能

---

① 马克思.1844 年经济学 - 哲学手稿 [M]. 刘丕坤，译 . 北京：人民出版社，1979：56.
② 叶澜 . 教育概论 [M]. 北京：人民教育出版社，1991：218.

摆脱经验权威的影响和控制，理论与经验才能在碰撞和互动中不断升华，顺利成长为一名反思型、研究型的教学专家，从而促进教师自身职业的幸福感。

教师专业成长需要教师职业的生命回归与转型，这一过程体现着教师的主体价值。关注教师的专业自主意识和自主发展能力，找到教师发展转型的关键点，会使教师的专业发展过程成为充满生命活力、彰显生命价值意义的过程。把教师专业素养的提高和学生的幸福成长联系起来，把教师专业能力的提升和生命价值的体现联系起来，教师的生命就逐渐融入其教育生活，教师专业发展的过程也就成为追求和享受幸福生活的过程。

第二节　幸福教师的专业完整建构

教师担负着教书育人的神圣使命，教师素养的高低直接关系到所培养学生素养水平的高低。教师的专业素养也会影响到教师职业生涯的幸福感，比如同样的工作任务，如果你的专业素养比较高，你就会游刃有余，并能很好地享受工作过程的乐趣。随着新课程改革的推进，教师专业化逐渐成为广大教师的自觉追求。在现实中，教师专业化往往被窄化为教学专业化，忽视了德育专业化这一重要领域。事实上，教育是完整人的教育，本身也是完整的，教师的专业化既包括学科专业性，也包括教育专业性。因此，教师的职业幸福，首先要从做一个专业完整的教师开始，重建教师专业化完满结构，为教师的幸福人生奠基。

一、幸福教师的教育素养

党和国家号召全国广大教师要做“有理想信念、有道德情操、有扎实学识、有仁爱之心”的好老师，这为教育人的教育素养提出了全新要求。教师除了具备职业道德、知识素养、能力素养等传统的教育素养外，尤其要具备教育爱、教育勇气、教育情怀、教育尊严及教育激情等教育素养。这是每一位教师最起码的职业素养。

（一）教育爱

爱是人性的构成性要素，如果没有爱，就不能建构成一个真正的人。“真正的教育，乃是帮助个人，使其成熟、自由，绽放于爱与善良之中。”①学生爱的能力与品质的形成，有赖于教师的爱，就如同如果想爱别人，首先得被人爱过。不得不提的是，我们正处于一个缺乏爱的时代，在很大程度上，学生并不是教师钟爱的对象，而是他们谋取自身利益的工具。

爱是奉献。教师给予学生的，不是物质、权利，而是教师自身有生命力的事物，这样才能激发学生的生命活力。教育的目的就是鼓励有能力、关心他人、懂得爱人、也值得被人爱的人健康成长②。从教育爱的原则出发，教师应该关心每一个学生，关心其生命活动，关心其当下生活状态，关心其未来发展。

（二）教育勇气

所谓教育勇气，就是肯定一些美好的价值，否定一些难以否定的压力。教育本是爱的传递，却正面临工具化的阻力；学校本是培养人的场所，却面临被欲望化的压力；教育本来是公共事业，却成为少数人谋取私利的通道。所有这些，都是考验教育勇气的契机。

教师最有效的教育方式是过一种勇敢的教育生活，用教育勇气来涵养有勇气的人。而真正的教育勇气是独善其身，坚守作为自由行动者的教育立场，从而实现教育的最大功能。另外，教育勇气还体现在否定教育工具化上，体现在对欲望的否定、对心灵的肯定上，体现在对教育公共性的坚守上。

（三）教育情怀

教育情怀的首要特质就是关注人的发展，关注人的成长，关注人的未来。作为一名教师，只要拥有对人的价值的认知，对人的成长、发展、未来的关注，教育工作才不会成为谋生和获利的工具，并与其一生幸福有关。

幸福教师必然拥有自己的教育情怀。教师是个特殊的职业，每天直面生

---

① 克里希那穆提．一生的学习 [M]. 张南星，译．北京：群言出版社，2004:22.

② 内尔·诺丁斯．学会关心——教育的另一种模式 [M]. 于天龙，译．北京：教育科学出版社，2003:5.

命成长的人，浸润在生命成长的气息中，时刻面对生命的发展。教师的价值取向、生命取向决定了国家的未来。学校是思想创生的地方，而教师则是这一创生的引导力量。因而，教师应该具有奔放的豪情、深邃的目光、坦荡的胸襟、恢宏的气度和过人的睿智来折射他们的人文情怀、改革情怀、走向生命自觉的情怀、超越的情怀等独特的教育情怀。

（四）教育尊严

教育作为人类的一项事业，是自觉的文化活动，有自己的尊严。这种尊严首先来自教育的自尊，即对自身价值的自信与维护。同时，教育的尊严也来自教育所处社会的尊重，即来自政府、学生家长、其他社会机构的尊重需要。

教育是人们获得尊严的方式之一，因为有尊严的教育能够折射出一种精神风格，对受教育的人产生熏陶作用，是润物无声的，是强烈、持久的。教育绝对不仅仅是安静的校园、无声的学习材料和机械的制度，而是活生生的人之间的相互作用。从这个角度看，教师应该具有教育尊严，体现出对教育的尊重，对人的尊重，在尊重别人与被别人尊重中获取幸福。

（五）教育激情

神圣的、光荣的职业要求教师们必须投入全身的激情，才能完成自己的使命。改革开放四十多年来，我国经济发展取得了长足进步，教育却成了发展相对滞后的行业，教师职业也成了弱势职业。而强烈的社会竞争又使家长对孩子的培养进入了一个疯狂期望的阶段，教师被施加了无尽压力。一边是教育的神圣，一边教育的无奈，处于夹缝中的教师无所适从。陶行知先生对教育的激情有着深刻的体验，他怀着对教育之神圣的强烈敬畏之感投身教育，又以自己满腔热情的工作赋予教育以新的使命，他几乎把教育当作了他的宗教，怀着圣徒一样的虔诚献身教育。他这般无私无求地献身教育事业的精神值得我们发扬光大，他这般自得其乐又不断超越的境界更值得我们去激发内心的激情，去把教育当作一个享受的过程，用智慧驾驭它内里的幸福与价值。

教师不仅是一种职业，更是一种精神。幸福教师，作为一个完整“教育人”，更应关注教育素养提升，需要在成长过程中不断塑造良好的教育素养，拥有满腔的教育爱，胸怀生命激情，不断彰显教育勇气，在教育的肥沃土地上挖掘智慧，弘毅负重，培育新人，在教育的宽广道路上不断收获幸福。

二、幸福教师教学专业化修炼

教育发展到一定阶段，必然要求教学专业化。教学专业化的内容， 可以概括三个方面：一是强调精湛娴熟的专业知识，二是强调高超精到的专业技能，三是强调精深高大的学术研究，这是教师教育专业化水平升华的必备基础和发展方向。

（一）教师幸福与教学专业化

教师是一个幸福的职业，这种幸福也并非自然天成，教师必然是通过发挥自身才能改变学生、发展学生，才能收获真正令人满意的幸福。而改变学生的前提，就是自己要成长要发展。一个不断改造自我、反思自我、超越自我的人，才能真正发展自我、成就自我。

教师只有具备丰富的专业素养，才能从中选取最精华的部分传递给学生。因此，教师必须关注和掌握学科最新发展动态及其研究成果，不断完善专业知识结构，以保证自己为学生储备的“一桶水”，随时是新鲜而富有营养的“活水”，而不是“一潭死水”。

新课程需要教师有更高要求的教学设计，需要教师有更高的专业素养，需要教师具有更丰富敏捷的教学智慧。任何一位教师，要想在今后继续有效地工作，必须重新认识自己，走教师专业发展的道路，这样才有可能教育出专业的学生，才能让学生得到全面发展，更有利于对学生的教育，也有利于树立教师良好的社会形象，有利于教育事业的整体发展。

只有教师成长了，才会在学生身上发现幸福，才会在自身发展上发现幸福，才会在点滴生活中发现幸福。教师要用一生的功夫备好每一节课，上好每一节课，用毕生精力修炼自己的教学专业化素养。

（二）幸福教师教学专业化的基本要素

教师专业化的内涵随着教育改革发展而不断丰富。《中学教师专业能力标准（试行）》明确了教师专业发展的核心要素是专业知识和专业技能。

1. 教师应该具备的专业知识

按内容分类，教师应具备的专业知识一般包括文化科学知识、专业学科知识、教育科学知识和心理学知识。按知识形成的类型分，教师应该具备的专业知识有间接知识，也有直接经验。间接知识是指从书本学习来的知识，直接经验是教师在长期的教学工作中不断探索并总结出一套的课堂情境知识和问题解决知识。

按教师知识结构分类，教师应具备的专业知识包括本体性知识、条件性知识、实践性知识和文化知识。本体性知识是指教师所具有的学科知识，如语文知识、数学知识等；条件性知识是指教育科学知识，如教育学和心理学知识；实践性知识是指教师在实现教学目的的行为中所具有的课堂情景知识以及与之相关的知识；文化知识包括基本理论知识、现代科学和技术一般常识、社会科学理论与观点等。

2. 教师应该具备的专业技能

学科教学技能，包括学习课程理念和标准、熟悉掌握教材、了解学生认知特点、课堂教学实践。

班集体管理技能包括在班集体活动中处理个别学生学习问题、发挥班级管理平台作用、预防学生发生问题行为、教学监控（学生的力量、教学研究技能）、科学取向的研究（调查与统计分析、教学实验研究等）、人本取向的研究（行动、课例、个案、叙事研究等）。

教学实践性知识与理论性知识互化的技能，包括任务分析（课堂观察、课例分析、深度会谈等）、有主题的情境对话（研讨、读书沙龙、聊天等）、师徒制（作品和活动点评、业务指导等）、成长记录袋（反思日记等）。

人际交流技能，如倾听、交流、沟通、合作等。

（三）幸福教师教学专业化研修途径

1. 在读书中思考

苏霍姆林斯基曾说：“要天天看书，终生以书籍为友……它充实着思想江河，读书不是为了明天上课，而是出自本能的需要，出自对知识的渴求。”教师要博览群书，不断拜读古今中外教育名著，与名家交流，与大师对话，从而实现思想的提升。

2. 在教研中成长

为了使青年教师尽快进入角色，学校首先要经常邀请一些专家上门授课，提升教师教学专业化素养；其次，要注重发挥名师的引领带动作用，老帮新、以新促老；最后，要关注课堂，及时组织听课老师进行说课、评课活动，让教师们在研讨中，总结经验、不断进步。

3. 在交流中学习

人与人的交流可以沟通理解，可以碰撞出智慧的火花。没有交流就没有互补，没有交流就没有创新，没有交流也就没有进步。也许有的老师会说，我们交流的机会太少了。校报、校园网都是大家交流思想、展示自我、促进自我发展的最好平台。在学习与交流中获得知识、在经验和智慧上得到提升。

4. 在反思中提高

要想实现自己的专业发展，还要养成反思的习惯。孔子曰 “吾日三省吾身”，荀子在《劝学》中也说“君子博学而日参省乎己，则知明而行无过矣”，可见自我反省的重要。可以说，未经省察的人生，是没有意义的人生。同样，未经反思的工作也是无价值的工作。唯有通过省察、反思，找到自己的不足，发现自己的优点，才能扬长避短、取长补短。

“教师宽广的专业知识主要通过自我学习、自我培训和自我反思等方式进行，并在学习、探究、反思、合作中实现个人的专业发展。”[①] 因此，学校管理者应充分激发教师的主观能动性，促进教师的教学专业化发展，以教师的发展促进学生的进步，实现学校教育的最大发展。

---

① 杜彦武．地方大学数学教育与基础教育互动发展研究 [M]. 长春：吉林出版集团股份有限公司，2019：258.

三、幸福教师德育专业化修炼

"德育为先，育人为本""人人都是德育工作者"，这些口号是我们耳熟能详的，但在现实中，德育的实效性并不是很高，有时甚至形式化。每年的十一假期、元旦假期，是毕业学生大规模的"返校潮"。一群群活泼可爱的学生们结伴看望班主任，不仅让很多老师感叹"没当过班主任的老师不是一个完整的老师"。

檀传宝教授认为，教师的德育专业化不仅仅是指班主任和德育教师的德育专业化，还指全体教育工作者都应掌握现代化的育人知识和技能。

（一）幸福教师的德育专业化

近几年来，在教师专业化研究与实践中，大部分研究者偏重教学专业化，而对德育专业化缺乏应有的关注。《国家中长期教育改革和发展规划纲要（2010–2020年）》指出："加强教师职业理想和职业道德教育，增强广大教师教书育人的责任感和使命感。教师要关爱学生，严谨笃学，淡泊名利，自尊自律，以人格魅力和学识魅力教育感染学生，做学生健康成长的指导者和引路人。将师德表现作为教师考核、聘任（聘用）和评价的首要内容。"由此可见，教师专业化发展的德行素质是十分重要的，应引起足够重视。

1. 教师专业标准呼唤德育专业化

2011年，教育部相继出台中小学和幼儿园阶段的教师专业标准文件。如在《中学教师专业标准（试行）》十四项指标中有两个指标就与德育直接相关。"教育知识"指标要求"掌握班集体建设与班级管理的策略与方法"、"了解中学生世界观、人生观、价值观形成的过程及其教育方法"、"了解中学生群体文化特点与行为方式"等，"班级管理与教育活动"指标要求"根据中学生的世界观、人生观、价值观形成的特点，有针对性地组织开展德育活动"、"指导学生理想、心理、学业等方面发展"、"有效管理和开展班级活动"等，这些都指向了德育专业化发展问题。

《中学教师专业标准（试行）》的定位是对合格中学教师的基本专业要求。

也就是说，标准的规定是超越对不同学科、不同发展阶段的教师的具体要求，是对所有教师的一般性共同要求。教师的德育专业化是教师专业化的应有之义了。以前，我们虽然说全员育人，人人都是德育工作者，但这只是软杠子，并没有多少硬性的约束力。特别是义务教育阶段实施绩效工资以来，任课老师认为班主任享受工作量工资，自己只要上好自己的课就行了，德育更是不关自己的事。今后，随着教师专业标准的实施，教师的德育专业化是一个必然选择。

2. 教师应对挑战呼唤教师德育专业化

现在很多教师面临着学生越来越难教的困惑，而且家长对教师的要求也越来越高，这给教师造成了很大的压力。即便是80后的教师，也要与90后的学生斗智斗勇了，更何况是60后、70后的教师。其实，教师要提高教育教学效果，必须要赢得学生的心。

虽然很多老师特别是班主任都会说自己很爱学生，自己这样做是为了学生好。但是，在学生的眼里，并不是这样的。一些学生认为班主任很不得人心，还有的学生私下里骂班主任。师爱是教师职业道德的应有之义，但是，教师的爱要让学生懂，才能发挥作用，这就需要德育的艺术。教师凭什么让学生服你？教师必须走进学生的内心深处。

在现有的教师教育体系中，教师在职前接受的德育方面的教育是很有限的。而现在的校本培训中，对教师的德育能力方面的培训也不多。很多教师缺乏德育意识，缺乏德育能力，不会很好地开发和利用德育资源，失去了很多好的教育契机。进入新课改以来，教师在教学方面的各种理论培训很多，但很少接受德育方面理论的指导。因此，教师应该迅速补上德育专业化这一课。

走德育专业化之路，更好地完善自身的专业成长，值得每一位教师思考并付诸行动。

（二）幸福教师德育专业化的基本要素

教师德育专业化基本要素包括爱与关心、责任、公平公正、幸福感等内容，这也是推进德育专业化的具体要求。

1. 爱与关心

这是教育家们一直以来无一例外地把爱与关心作为教育的首要信条和教师德育专业化素质的首要品质。内尔·诺丁斯指出："教育者们必须认识到关爱学生是教学的根本，培养学生具有很强的关爱能力是向社会负责的教育的一项主要目标。"在生命教育方面，要发自真心关爱学生，视学生为一个完整生命体，塑造学生健全、和谐的人格；在课程与教学方面，自觉渗透爱与关心。教师要通过学校教育的主要领域——日常的课程与教学的建构与实施，来培养学生爱与关心的品质。

2. 责任

教师的责任包括责任感、责任行为两方面。责任感是指教师对自身职责、规范、要求的认同与遵守；而责任行为则表现为践行这些职责、规范和要求方面。在教育教学实践活动中，教师的主要责任是指导、帮助学生学习科学文化知识、认同和内化其中的价值、规范等，促进学生的全面发展。

3. 公平公正

教育对象是一个个具体的、活生生的、有着鲜明差异的个体，都有自己独特的喜怒哀乐及表达方式，都具有独特的智慧倾向，教师要真正做到有教无类，必须公正地对待每一个学生，最大限度地满足其合理的学习和生活需要，公平地处理学生的任何事务。

4. 幸福感

幸福感是教师在对自身职业认同基础上，在具体的教育教学实践中体验到的一种从业的愉悦、快乐和满足，是教师德育专业化的一种"内求"品质。当他们看到学生进步和成长，也能体验到巨大的幸福。这种幸福感能进一步强化教师的职业认同，进一步提升教师作为一个"完整的人"的幸福指数。

（三）幸福教师德育专业化研修途径

1. 创新德育培训方式

培训是唤醒教师德育责任意识，提高德育专业化能力的有效途径。教师自身的教育生活就是教师自己德育专业化素质形成和发展的不竭源泉。通过日常教育生活中的德育体验，改变教师固有的“德育是德育、教学是教学”的错误观念，强化德育责任意识，对德育专业化产生认同感，增强使命感。

2. 充分开发德育资源

每位教师的周围都有着丰富的德育资源，有效利用这些资源，是教师提升德育专业化的重要途径。教师要用自己的眼睛去看，用自己的心去倾听、去感受，用自己的行动去做，然后从中得出关于教育最本真的东西。

3. 提高德育反思能力

教师应当自觉做德育专业化的主任，设计适合个体发展的德育专业化发展规划，并在规划实施的过程中，自我反思、审视与调节。通过不断反思提升，完成自己德行素质的建构。

四、做一个幸福的完满“教育人”

追求并享受幸福生活是人的本能，构建和创造幸福生活则是人的责任，教师作为一类特殊的群体，每天经历的教育过程本身就是创造幸福和追求幸福的过程。因此，期望做一个幸福而完满的“教育人”，不仅是对教育终极目标的思考与追求，更能彰显教育不仅仅是知识的传授和人才精英的培养，更是关注未来人才的成长规律、发展程度的幸福历程。

（一）教育完整的目标定位需要

从人才培养目标定位角度反观教师成长，必须审视目前教育过度精英化等一系列问题。如德育主要以社会楷模为标杆，过度提升精神高度；智育大都以学科专家为取向，过于追求高深知识；体育常以运动健将为参照，过分关注比赛成绩；美育常以艺术精英为榜样，过于注重艺术技能而轻视审美素质等。这样的人才培养目标定位背离人的成长规律，背离基础教育规律，导致基础教育出现知识为上、应试为高、负担过重的现状。

社会对完整人才的需要，要求我们基础教育目标应该定位在培养未来社会的合格公民，并为职业教育和高等教育输送完整的人才“毛坯”。完整的人才“毛坯”体现在五个方面，即完整的身体、完整的人格、完整的心理、完整的知识结构和完整的适应力。这五项修炼，不是靠灌输，而是靠体验和实践来实现。只有不断积累个体经验并与社会价值取向相融合，才能塑造完整的现代人才。

与教育培养完整人才“毛坯”的目标定位相适应的实施路径，是面向全体学生，务求合格，再求优秀和拔尖。以此来确立基础教育培养目标，来定位基础教育改革的发展方向，才能符合人的认知规律、基础教育的发展规律和人才培养规律，也就是要求教师首先是一个完整的“教育人”。

（二）学生完整成长的呼唤

教师的使命在于以自己的心灵和人格魅力影响学生思想，以对事业和学生的爱唤醒学生的求知欲和创造力。在学习阶段，对学生影响最大的莫过于老师，身教胜于言教，教师的言行举止、兴趣习惯和对事物的好恶等，每时每刻都潜移默化地影响着学生。因此，应注重教师的思想成长，有了思想方面不断成长的切身经历，教师可以逐步获取一种宽阔博大的胸襟，高屋建瓴、从容不迫地思考把握教育的真正意义和使命，可以促使自己逐步抵达学而不厌、诲人不倦的教育境界。

对新时期的教师来说，一个完整的“教育人”不仅要具有渊博的知识，更要具有先进的健康的教育理念和教育行为。因此，教师应以前瞻的姿态，学习先进的教育理念，充实自己，使自己充满大气、底气和灵气，唯有这样，才能在育人的过程中育已，享受工作和成长的快乐。

（三）自身专业发展的内驱力

当前教师的专业发展水平已经达到了一个前所未有的高度，成为破解当前教育系列问题的一项基本措施，这是时代与教育改革对完整“教育人”的真切呼唤。随着社会的进步，人们对教师角色的期望也在不断提高，大多根据素质教育的要求，认为教师应是一种“人师”，不仅教书，而且还要育人，要以高尚的人格来塑造学生的人格。成为“人师”是对教师的高要求，是实施素质教育所必需的，同时也是教师专业化发展的要求。

教育内涵发展呼吁教师的自觉发展，要求教师自我发展，不断提高教育素养，体味到教育创造的无穷乐趣，使自己快速成为一个幸福完整的“教育人”。

第五章

读、研、写：教师幸福的三部曲

能给人以尊严的只有这样的职业，在从事这种职业时，我们不是作为奴隶般的工具，而是在自己的领域内独立地进行创造。

——马克思主义创始人 卡尔·马克思

传统意义上讲，老师经常被比作“春蚕”“蜡烛”，诗句“春蚕到死丝方尽，蜡炬成灰泪始干”常常赞美老师的伟大与无私。但是这种赞美往往只是关注了教师职业的特殊性，忽视了教师的精神状态，忽视了教师的职业尊严和内在幸福。叶澜教授曾说过，“没有教师的生命质量的提升，就很难有高的教育质量；没有教师精神的解放，就很难有学生精神的解放；没有教师的主动发展，就很难有学生的主动发展；没有教师的教育创造，就很难有学生的创造精神”。教育是一项使教育者和受教育者都变得更加完美的职业，而且，只有当教育者开始自觉地发展自己时，才能更有利于学生的发展。教师精神的丰满需要教师常态职业生活方式的回归，这种常态的职业生活方式就是读书、研究、写作，三者构成为教师职业生命成长的生态系统。

著名教育家陶继新、特级教师高万祥、齐鲁名师韩兴娥等名家的成功经历似乎在告诉我们这样一个道理，要想获得职业的尊严感，寻找到教师职业的内在幸福，实现阅读、研究、写作一体化。这是一条永不过时、最为有效的途径。

第一节　读出教师的幸福感

阅读可以丰富知识、开阔视野，促进教师将教学、研究与写作融为一体，成为教师独特的专业生活方式，也决定了教师最有资格享受生活的幸福。然而，现实中由于教书的不爱读书，觉得读书与教学工作距离远、无用，过早地出现了职业倦怠感。

一个不读书的人，无法真正地认识世界，更无法真正地靠近幸福。幸福是什么？不是拥有多少，而是拥有自己期望拥有的东西。对一名教师来说，读书尤其重要，要有终身读书的意识。读书是教师的一种主要生活方式，而且是一种最重要的专业生活方式。可以说，读书是教师的主业，教师应从读书中读出自己的幸福感，用自己的生命和心灵助推学生生命和心灵的成长，为学生的未来和现在工作，从中感受到学生成长和自我实现的幸福。

一、教师读书的幸福意蕴

读书在教师的生活中应该居于什么样的位置是一个值得研究的课题。2010年，《中国教育报》对全国教师读书现状进行了调查，结果表明：41.5%的教师认为读书很有必要，只是平常教务繁多没有时间读书；52.3%的教师遇到问题会上网寻求帮助；36.9%的教师阅读内容以报刊和杂志为主；49.2%的教师私人藏书在100本以下；43.1%的教师年均专业阅读量在1~3本，10本以上的只占4.6%……从这些数据中我们不难看出，读书在教师生活中居于次要地位，教师的大部分时间仍然用于备课、上课、批改作业，读书只是教师偶尔产生的兴致而已。出现这种状况的原因，教师们众口一词地归结为没有时间，92.8%的教师认为自己的教学负担太重，没有时间读书。姑且不讨论教师的时间都到哪儿去了，先来关注读书量少给教师带来的后遗症。因为读书少，教师的知识占有量不足，严重制约了其生存状态的改善，在知识与智慧入不敷出的状态下，教师遇到教学问题仍习惯用老方法解决，面临学生的不断进步与发展常产生难以置信、惶惑甚至恼怒之感，严重影响职业幸福感的生成。

读书应作为教师的业务，而不是仅以兴致的身份出现。作为教师，要习惯将读书作为工作的重要组成部分，当成一种重要的专业生活方式。特级教师王栋生提出，要实行“静养式阅读”，“读什么，怎么读，不要做任何硬性的规定”。如何实现“静养式阅读”呢？

首先，鼓励教师自由的个性化阅读。朱熹《观书有感》写道：“半亩方塘一鉴开，天光云影共徘徊。”读书最根本的就是要用自己的眼睛去发现，用自己的头脑去思考，用自己的心灵去感悟，要读出自己的思想，读出自己的“半亩方塘”。

其次，用教育的眼光读书。比如，用教育的眼光阅读《小王子》就会发现：每一个孩子都有自己的志趣，每一个孩子都富于想象力，“真”的教育一定会尊重孩子的幻想和志趣；我们的教育最重要的就是要让孩子保持自己的善性，让孩子养护自己的善性。

最后让阅读成为教师的生活方式。著名学者陈平原说，要“把读书作为人生的一种生活方式”。我们提倡“素心读书”，以平静清明之心读书，而不是为了作文，为了评教授。我们读书就是为了做人，为了追求一种高品质生活。

（一）读书要与时俱进

医生年龄越老越权威，越受患者的欢迎，但当老师却反之，年龄越大越感觉力不从心，许多教师将其中的原因归根为年龄。但于永正老师 73 岁仍顶着苍苍白发站在讲台上魅力四射，使台下的教师和学生为之倾倒，我们怎能把年龄视为罪魁祸首？教师的工作对象是人，人的思想和观念是在不断发展和变化的，不论年龄几何，教师若是不爱读书，不及时汲取大量资讯、不吸纳新鲜信息更新自我，思想不能与时俱进，便不会受到学生的欢迎。明朝的许仲琳说过：“井底之蛙，所见不大，萤火之光，其亮不远。”不读书，不知道当今世界的发展形式，不知道国家的政事，岂不是“萤火之光”？

在信息时代的今天，知识、观念、技术的更新可谓飞速，试想，当学生大谈特谈青年人喜欢的话题时，教师一脸茫然，又怎能走进学生的心灵、引发学生的钦佩与亲近？“亲其师、信其道”的前提是教师可亲，与学生有心灵上的沟通和交流。只有多读书，才能掌握日新月异的时代变化，才能跟上时代的节拍，才能具备与新一代对话的资本。

（二）在读书中生长智慧

在古代，教师被认为是一份稳定、保守的职业，四书五经烂熟于心就可。唐代大文学家韩愈在《师说》一文里所说：“师者，所以传道授业解惑也。”教师是一份充满挑战的职业，知识、观念、技术的更新速度令人咋舌，学生每天都在成长和变化，教育形势也在飞速发展。现在的教育人需要不断充电，不断积蓄能量，才能胜任这一职业。美国教师素质协会（NCTQ）就美国的教师质量问题形成了如下结论：教师的教学效果并不会随着教学经验的增加而线性上升；教师的教学效果更多地取决于教师的个人品质，如教师对职业的忠心、教师的工作热情、教师的感染力。① 有调查表明，75%的教师存在着教育能力不足或缺乏现象。这是一个可怕的信号！究其原因是教师的终身学习意识淡薄、读书量过少。苏霍姆林斯基曾说过："优秀教师的教育技巧的提高，正是由于他们持之以恒地读书，不断地补充他们知识的大海。如果一个教师在他刚参加教育工作的头几年里所具备的知识，与他要教给学生的最低限度知识的比例为 10：1，那么到他有了 15 年至 20 年教龄的时候，这个比例就变为 10：1，30：1，50：1。这一切都归功于读书。"②

读书可以使一位教师知识丰富、语言生动、充满魅力，受到学生们的欢迎和推崇，在课堂中，教师的一言一行都能不自觉地感染和引领学生。而一位不爱读书，没有丰富生活积累的老师，常常靠满堂灌和压制来控制学生，这样的课堂必定机械僵硬、索然无味，甚至会引起学生的反感。

河南省语文特级教师孟素琴，十多年来总是不断地给学生推荐书籍，她说："教师自己先读起来就是对学生最好的引导。一个热爱读书、不断读书的老师，浑身上下都会散发出智慧的光芒，那是比教科书更有吸引力的东西。"

（三）做快乐读书的自然人

读书之于幸福有关系吗？子路的读书无用论是否可以当真？我们能否从读书中获取幸福？答案不必言说。汉朝的刘向和后魏的道武帝把书籍比作"药"，刘向在《说苑》中讲："书犹药也，善读可医愚。"道武帝曾向博士李先问道："天下何物最善，可以益人神智？"李先回答说："莫若书籍。"在皮日休的眼中，书籍胜过美女，他说"惟书有色，艳于西子"，"案头见蠹鱼，犹胜凡俦侣"，正所谓"书中自有颜如玉"。宋朝诗人黄廷坚则一日都离不开读书，他曾说："士大夫三日不读书，则义理不交于胸中；对镜觉面目可憎，对人则语言无味。"

当今社会，生活节奏加快，许多人忙碌于工作和家庭，沉湎于酒桌和麻

① 郭子其．读书——教师专业成长的必由之路 [J]. 中小学教师培训，2012（8）.

② B·A．苏霍姆林斯基．给教师的建议 [M]. 杜殿坤，译．北京：教育科学出版社，1984.

将，但唯独缺少一种满足的宁静，在忙碌的背后是空虚和失落，而读书则能让人抛除浮躁，给心灵一方净土，从而衍生出自然的幸福。读书之于人心灵的影响，我们不妨用国学大师任继愈小时读书的故事来说明。任继愈小时候，爷爷让他读《三字经》《论语》，他问爷爷读书有什么好处，爷爷没有回答，而是让他用乌黑的提煤篮子去打水。任继愈一而再再而三，忙了一身汗，依然打不到水。他爷爷让他看看篮子发生了什么变化。任继愈说："篮子变干净了，提手也变光了。"他爷爷说："读书有时就如篮子提水，看似没有效果，但让你变干净光亮了。"正如故事中所言，读书可洗涤心灵、除却喧嚣和名利，让人在自然和真实中离真正的幸福愈来愈近。

二、读书犹如建造金字塔

教师所读之书，应如金字塔一般，基础厚实而顶端尖锐。想打好厚实的基础，必须博读百科之书；想顶端尖锐，则必须攻读专业书籍。

（一）在博读中厚实基础

鲁迅先生曾形象地比喻读书，"读书必须如蜜蜂一样，采过许多花，这才能酿出蜜来，倘若叮在一处，所得就非常有限，枯燥了"。读百家之书，还要熟读百遍。英国诗人、小说家哈代 22 岁那年去伦敦学习建筑。在伦敦的 6 年间，他除攻读专业外，还去伦敦大学皇家学院听课，从事文学、哲学和神学的研究，并尝试写作。法国哲学家笛卡尔曾认真研读过法学、医学、力学、数学、光学、气象学、天文学、音乐等领域的书籍，并且在上述领域都有自己的真知灼见。教师首先要读百家之书，才能当得起为人师表的重任。著名教师孙双金说："教育工作者要广泛地阅读，要读本专业的书，要读大教育的书，要读哲学美学的书，要读多方面的杂书。我认为，'杂家'加'专家'才能等于'大家'。"

讨论教师要博读的书籍，首先可以从教师这一职业特点出发，进行分析。"在我国，一般认为，从教师专业知识功能出发，教师专业知识可以分为四个方面的内容：通识性知识、本体性知识、条件性知识、实践性知识。而相对于'短板理论'的比喻而言，我们认为，其中，'通识性知识、本体性知识、条件性知识’是教师知识的三块‘桶板’”[①]。通识性知识，是教师知识结构最基础层面的知识，是有关当代科学、人文及艺术方面的知识，即通常意义上的一般科学文化知识。通识性知识是教师根基性的知识，获得通识性知识必须做到“读书破万卷”，才能“根系发达”，充分地汲取大地的养分，才能使教师的“人生之树”枝繁叶茂，才能使教师的“教育之树”顶天立地。

（二）在攻读中到达顶端

博读为教师打基础，攻读则可使教师的专业这一顶端变得尖锐，从而在自己的工作领域内所向披靡、无往不利。著名学者朱永新认为：对任何一个具体的专业领域而言，存在着一个最合理的知识结构；专业发展，必然会经历一种“浪漫—精确—综合”的有机过程；每一门类知识的掌握，都存在着一条由浅入深的路径；对每一个教师而言，都存在着一条独一无二的阅读路径；在特定的发展阶段中的具体老师，面对特殊的场景，一定有一本最适合他阅读的书。教育类书籍虽不是浩如烟海，但也称汗牛充栋，如果我们一遇到教育类书籍便认真研读，是究其一生也读不完的。教师最重要的任务，就是先寻找一本最适合自己阅读的书。

在攻读之前，不妨先做一些哲学思考：“作为教师的我想做哪一种人？”“我在哪一方面最擅长？”“我在哪些领域经常有出彩见解？”回答完上述问题，再围绕自己擅长的领域进行攻读，便可使长板更长，更容易获得专业上的飞速成长。

三、让教师一辈子爱上读书

读书要讲求方法。同样是读书，有人读了一辈子，仍在原有水平徘徊，有人读一段时间就能产生质的飞跃。这期间的奥秘值得细思。如何读书才能事半功倍、收到奇效，可谓仁者见仁、智者见智。清代袁枚曾讲：“读书如吃饭，善吃者长精神，不善吃者长痰瘤。”对如何读书，鲁迅先生主张“跳读”，他认为：“若是碰到疑问而只看那个地方，那么无论到多久都不懂的，所以，

---

① 肖川．教师的幸福人生与专业成长 [M]. 北京：新华出版社，2008.

跳过去，再向前进，于是连以前的地方都明白了。”这与陶渊明的“不求甚解”有异曲同工之妙。朱熹的“口到、眼到、心到”的 “三到法”已广为人知。从信息论的角度讲，读书是一个信息输入的过程。面对浩如烟海的书籍，如何让输入自己心灵的信息助长自己的精神，成为自己的心灵鸡汤呢？那就是培养读书兴趣，让教师一辈子爱上读书。

（一）选书“取法乎上”

读书是个连续动作，读书之前要选书，读书之后要应用。在选书、读书、用书这三个环节中，选书的重要性自不待言。选对了书，就能走上一条幸福、高品质的成长之路，选错了书，则会陷于低水平重复徘徊的境地。

如何选书？许多名家都提出了“取法乎上”的原则，即选择那些权威人物、知名大家的经典之作。

著名哲学家、学者周国平读书主张“不走弯路，直奔大师”，他说：“一个人一辈子能够用来读书的时间是很有限的，一辈子能够读的书也是有限的。既然如此，就不应该把时间浪费在比较平庸的作品上面，应该直接去找那些大师。”①散文家余秋雨主张所选中的书应该是自己的“畏友”，即高于自己水平的书籍，他提出：“应该着力寻找高于自己的‘畏友’，使阅读成为一种既亲切又需花费不少脑力的进取性活动。尽量减少与自己已有水平基本相同的阅读层面，乐于接受好书对自己的塑造。我们的书架里可能有各种不同等级的书，适于选作精读对象的，不应是那些我们可以俯视、平视的书，而应该是我们需要仰视的书。”

著名教育专家陶继新关于选书“取法乎上”的原则有这样的论述：“读书的时候我们读什么样的书呢？我想必须‘取法乎上’，为什么这样说呢？因为古人说‘取法乎上，得乎其中，取法乎中，得乎其下’。我们如果‘取法乎上’，才能得‘中’，取法乎中，就能得‘下’。但是呢，现在有一个问题，我们有可能说取法在‘下’，大家想一下当今的三流小报，包括没有价值的武

① 陈娟．周国平、李鸿谷对话大学生：做自己读书的主人 [J]. 中国教师，2013（1）.

打和色情小说，我们读了以后究竟能提高多少文化品位呢？我想不仅不能提高，而且会对你的文化产生一种负面效应，所以在鱼龙混杂、泥沙俱下当中，我觉得应该有舍有得，我们舍弃的是那种低层次的文化，我们所摄取的是那种高层次的文化，我想这样我们会感受到对我们心灵的震撼，因此呢，我一直主张我们读书要有选择，一定要读高层次的书。”

（二）主题阅读，让阅读“三级跳”

读书要选取经典之作，但古今中外经典之作多矣，何时读哪一类也会令人犹豫不决。许多老师常陷于一种“小猴子掰玉米”的境地，这山看着那山高，看会儿《论语》，还没嚼透，又想看《大教学论》，结果看来看去收获不大。针对这种状况，《三联生活周刊》执行主编李鸿谷的读书心得可以拿来借鉴。他认为，读书如寻友，“每个人成长，从一年级开始，事实上有一些书本之外的阅读物。你读什么，你亲近什么，然后你就会追踪什么，这就是找朋友”。其实，李鸿谷的这种方式就是一种主题阅读的方式，对工作于教学岗位上的教师来说，根据自己的个人喜好及工作需求，采用主题阅读的方法开展读书活动是一种上上之选。

主题阅读，是一种针对某一主题，在一定时间内阅读大量书籍的阅读方法，它可以有效避免零散阅读所造成的知识碎片、思考过浅等问题。由于在短时间内阅读大量内容，可以有效加深记忆，多角度、更深刻地理解同一主题思想。特别是，当完成阅读之后，有效地形成知识框架，有利于读者将书籍中的实用性内容应用到现实生活中来。

关于主题阅读，美国学者莫提默·J.艾德勒在《如何阅读一本书》中做了详尽的介绍，他指出：阅读分基础阅读、检视阅读、分析阅读、主题阅读四个层次，主题阅读是最高层次，也是最难最有效的一种阅读方式。主题阅读必须以前三个层次为基础，也就是说，基础阅读、检视阅读、分析阅读处于主题阅读的准备阶段，只有经历了前三个阶段，主题阅读才能真正开始并发挥作用[①]。

---

① 莫提默·J.艾德勒，查尔斯·范多伦.如何阅读一本书[M].郝明义，朱衣，译.北京：商务印书馆，2004.

借鉴莫提默·J. 艾德勒的阅读四个层次的理论，我们知道主题阅读是最有效也是最难的一种阅读方式，不仅要综合运用其他三种阅读方式，也要秉承一些阅读理念，方能达到预期目标。

莫提默·J. 艾德勒主张的主题阅读分为找到相关的章节，带引作者与读者达成共识、厘清问题、界定议题、分析讨论五个步骤，在主题阅读之前还要有一个准备阶段。从整个过程来看，主题阅读具有如下两个特点：

一是主题阅读是一个由泛到精的历程。在主题阅读之前，读者必须经历检视阅读和分析阅读阶段。主题阅读的准备之一就是把自己收集到的与主题相关的书籍检视一遍，找出其中与主题相关的章节，在进行检视时，要遵循由高到低的理念，即先从高处着眼，看书的书名、序、目录，了解书的框架，然后从框架之下着手，选取与主题相关的章节来略读，也就是走马观花式地读，以便对全书有一个整体的印象。在检视阅读的基础上，我们基本能确定哪些书能在我们的主题阅读中发挥作用，应该保留，哪些书可以摒弃。对保留下来的书，则要开始使用分析阅读，即咀嚼式精读，做到读深读透。这里的“读深读透”完全不是我们理解的平常意义上的精读，不仅仅限于把书中的论点读明白、理解透彻，还包括带引作者与你达成共识、厘清问题、界定议题、分析讨论四个步骤。在应用检视阅读选好了与主题相关的书与章节后，首先要建立一组关键词，并围绕这些关键词列出一些可以把我们的疑问说得比较明白的问题，看书中的作者是如何回答这些问题的；然后将诸多作者的回答列出来，看是从哪些维度加以论述的，并加以总结和归纳，围绕主题形成一定的逻辑体系，之后再进行分析和讨论，得出我们想要的信息。

二是主题阅读是一个由高到低的过程，即无论是检视阅读还是分析阅读，都应注重阅读的艺术，首先要站在一定的高度，把握住书的整体框架和思路，总体来看，无论看哪本书，都要思考如下四个问题：一是这本书到底在谈什么？二是作者细说了什么，怎么说的？三是本书说得有道理吗？四是这本书跟自己有什么关系？在高瞻远瞩的基础上，再放低眼球，静下心来对自己感兴趣的部分进行深入阅读。

莫提默·J.艾德勒提出的主题阅读的方法对大部分教师来讲未免过于深奥，我们不妨用一些更形象的方法来建构主题阅读思路。下面三个步骤可以参考：

一是确立阅读的“主景点”。有些人喜欢确定一本书，再找自己感兴趣的内容。实际上，思路可以颠倒过来，我们在读书时，首先要确立自己的主题，再去选择相关的书籍。就像旅游，不要先去选择景点，而应先想想自己喜欢看什么，再去搜集相关景点。这一点很重要。

二是开展溜冰式阅读。在这个环节中所要做的不是理解整本书的内容，而是找出这本书对自己的主题有什么帮助，在这些相关的书籍中找到与自己的主题紧密相关的章节。那么在读的时候需要快速抓住章节中的核心内容。

三是开展爬山式阅读。选定最终入围的章节后，所要做的就是开展深入地研读，像爬山那样，要慢、要细细欣赏周围的风景，当然会有些吃力，但却是在向上攀登。经过一个慢慢咀嚼的过程后，对这一个主题就会形成较深层次的认识。

不同的教师读书有不同的目的，但殊途同归，都是为了追寻书中的真善美，找寻一份充实、宁静与气质。陶继新有个著名的主张——读书三境界，他说：读书的第一境界是坚持，要战胜自己的惰性，每天要坚持读，要坚持背诵，特别是要诵读经典，想想看，一位教师，每天都读点书，背点经典文化，底蕴就会越来越厚实，内心就会越来越充实；第二境界是习惯，让读书成为一种习惯，这种境界不需自身意志和外力的强制，每天都会不自觉地随手拈起书看点，或是有章法地按顺序读，或是没章法地随性而读，但无论怎样，每天不读点书，就会感觉缺了点什么，伤心时、高兴时、苦闷时、愤怒时，书总能带给你一份宁静，把你的心带到悠远而空阔的时空；第三境界是审美，这时，读书是一种享受，下课后、下班后、做完家务后、批改完作业后，当一切都寂静下来，一切喧嚣都归于平静，捧一本书，端一盏茶，卸下一身的酸痛与疲惫，忘掉一切的烦恼与郁闷，在书中，与大师对话，与古人品读，与孩子玩耍，此时，读书是一种享受。

第二节　教育研究：教师幸福的“永动力”

研究基于教师的价值在哪里？应该说不仅仅是带给教师更科学的教育教学方法，更重要的是引导教师用另一种眼光审视教育，用另一种思维方式思考和判断教育问题，从而引领自己的教育行为走向科学、合理，并在日趋科学合理的教学中感受成功的体验和幸福。

一、幸福教师是研究型教师

作为教师这个职业，经验不会衍生幸福，只有研究才是幸福的动力源。研究是教师的幸福加工厂，在这个工厂中，问题是原料。研究的意义在于转换教师的惯性思维，用科学的思维方式看待教育。比如学生犯错，在没有研究意识教师的眼中，是令人恼怒发火的行为，但在研究型教师眼中，却是一种值得深思的现象，甚至是一种宝贵的教育资源。这正是研究型教师和经验型教师的不同之处。

做一名研究型教师，必须有梦想，在思想上有坚定做终身学习者的信念，在角色上要完成从传道者到研究者的转变。要有行动，要把有益的经验提升为理念，把理论落实成教学行为，要把握和运用教学研究的基本套路，经得起打磨和砺练。

1. 心中有梦想

想做一名研究型教师，首先心中要有自己的教育梦，要有自己的目标。整天随波逐流、混天聊日的教师不可能成为一名研究型教师。魏书生曾有 23 次机会改行不干教育，甚至有多次从政提干的机会，但都被他毫不犹豫地拒绝了，因为他一直认为自己最适宜的地方是校园。正是因为有了梦想的引领，他总能以一种研究的眼光看待一切教育现象，并思考和寻找教育现象背后蕴藏的秘密，从而寻找科学的解决之道。正是这样一种研究的行为，使他从一名普通教师走向研究型教师，并成为举国闻名的教育专家。作为一名教师，每个人都应该有自己的教育梦想，这种梦想可能很大也可能很小，因人而异、多姿多彩。你可能希望班里的学生都能独立地学习并取得优异的成绩，或是希望学生都有一个健康的身体，眼睛不再近视，甚至是学生在毕业若干年后见了自己还能亲昵地喊一声“老师好”。这些，都是我们的教育梦想。有了教育梦想的指引，自己的一切教育意识都会变得充满乐趣，研究就会成为一种享受和快乐。朱永新在他的《新教育》中写道：“如果没有教师的快乐，那就永远不会有学生的快乐。我们都不快乐，我会让你快乐吗？如果教师不能激情地去拥抱他的教育生活，如果教师不能每天用心发现他的教育世界，那么教育始终有一种缺陷。”

2. 脑中有资本

做研究型教师，必须有一定的资本，这种资本来自于丰厚的知识基础、丰富的实践经验和骄人的创新能力。教师的研究必须建立在教学之上，做到能超越教学实践的层面和视角，能从高处看待教学，否则研究就无从谈起，正所谓“居高声自远，非是藉秋风”，所以，教师要系统、全面地学习与基础教育课程改革相关的教育教学理论，提升自己的思想认识，更新思想观念。有了理论，教师的实践才会更自觉，教师的教育科研才有可能真实发生，教师才得以达成“精神和气质的熏陶，智慧和思维的启迪，思想和理念的提升”。同时，教师的实践经验及实践技能又可为研究如虎添翼。但这并不是说，教师必须把知识和能力水平掌握得很高之后才能开始研究工作，因为这二者是并行不悖的。

书到用时方恨少，学然后知不足。在研究过程中，你往往会感觉到自己所拥有知识量太少，并产生强烈的学习愿望，而此时正是良好的学习契机。因此，要具备研究型教师的资本，必须做到多读书、善学习、重实践，学习前人的研究成果。教师要善于学习，除了到图书馆、阅览室向专业书刊学习外，还要多向专家请教、与同行交流。只有博学多闻、学而不厌，才能开阔眼界，厚积薄发，提高自己开展教学研究的能力和素养；只有丰富涉猎，才能有机会站在巨人肩膀之上，利用前人的经验，来根除自己教育教学中的局限性和片面性。

研究型教师还必须具有创新能力。许多教育专家都具有独特的教育教学模式与主张，并且在教学实践中产生了积极的教育效应。像当代著名语文教育专家宁洪斌在教学中一直注重对学生创造性思维的培养，比如他请学生用“纷纷扬扬”作口头造句。要求学生要开动脑筋，打开思路，想一想有哪些事物可用“纷纷扬扬”，说得越多越好，并且造句的前后内容不得重复，后作造句的学生不能用先作造句的学生已经说过的事物造句。结果学生们想到了大雪、柳絮、花瓣等事物，所做的句子也都生动优美。魏书生老师同样善于发挥自己的创造性思维，运用到他的班级管理中。为了解决个别学生走教室后门的习惯，魏老师让班干部把一盆鲜花摆放在教室后门口，灵活地解决了这一问题，成为典型的创造性思维的教育案例。

3. 手中有方法

做一名研究型教师，对“研究什么”“如何研究”要准确把握，就像一名司机，必须有娴熟的技巧。首先要弄清研究的主要内容，包括学生、教材、课堂教学、教学理论等，并对每一项研究内容有深刻的了解和客观的视角。做研究型教师还要掌握研究的方法，除对调查法、文献法、案例法等熟练掌握外，还应学会为自己选用最适切的方法，如写读书笔记、教学札记、教育日志、教育叙事、教学课例、教学反思、调查报告、教学论文等。

4. 脚下有意志

行成于思而毁于随，做一名研究型教师，必须有坚持不懈的意志力，“三天打鱼，两天晒网”式的研究不但容易前功尽弃，更易给人带来沮丧与挫败感，不利于研究的持续和深入。研究不是一日之功，也不能一蹴而就。张彬福说：“一个教师的专业成长需要迈上三个台阶——第一个台阶，把别人的话说准；第二个台阶，把别人的话变成自己的话要说顺；第三个台阶，说一两句自己的话。”有高追求的研究型教师，会一步一个脚印坚持走下去，杂取百家、博采众长，走出一条属于自己的教育之路。

二、让研究充满幸福成长气息

教师研究不同于教育专家，到底应落脚于何处，研究些什么，才不至于让研究变成一种痛苦的行为，而成为幸福的生发地。教师既要研究教育教学理论，又要研究教育教学实践，当然，要侧重于教育教学实践；教师既要研究主观，又要研究客观，改善和研究主观则是研究型教师的重点。在教育生活基础上，理论和实践永远是合一的，教育教学理论、教师备课、学生和教学方法就是教师研究的落脚之处，它们让教育研究不停地焕发着师生幸福成长的气息。

（一）教育教学理论是教师研究的“任督二脉”

“打通任督二脉”是武侠小说中多少武林人士梦寐以求的梦想。只要打通任督二脉，武功就会突飞猛进。对教师来说，教育教学理论就相当于任督二脉，有了教育教学理论做指导，教师的研究就会走正途、成正果。这是打开幸福大门的钥匙，没有教育教学理论做指导，教师的职业幸福就是空谈和泡沫。但说起教育教学理论研究，又是个让教师头痛的话题，每位教师都离不开理论学习，许多学校设有理论学习专本，甚至还要求写几千字，作为业务的必检项目，但可叹的是，真正聊起教育教学理论，能侃侃而谈的教师寥寥无几。这恐怕与教育教学理论的研究方式不当有极大的关系。波兰教育家奥根说，真正的教育教学理论“不是凭思辨，而是凭先进教师经验的理论概括，以及实验和观察来揭示一系列规律的”。作为一线教师，研究教育教学理论不是为了出成果，不是为了写专著，更多的时候是为了解决在教学实践中出现的问题，为了学生的健康成长，因而，教师的教育教学理论研究，始终应与教育实践连接在一起。

1. 以理论透视教育问题

教育问题的出现是教师不幸福的根源，但如果教师懂得了教育教学理论，能看到问题背后的实质，就能对症下药，解决问题。如在现实教学实践中，有的学生不遵守课堂纪律，上课时不认真听课，还会扰乱其他同学，令很多教师头痛不已。对待这样的学生，教师多是惩罚、批评、呵斥，甚至体罚，但是效果却不佳。如果懂得教育教学理论，就会明白，学生这样做，目的是引起别人的注意。“这时教师对他的批评、惩罚反而起着强化这些行为的作用。因此，教师对待不遵守课堂纪律、学习注意力不够集中的学生，要多注意他们正确的学习活动，给以赞许和鼓励，而忽视他们的其他行为。”[①]

2. 为理论进行“举证”

大多数教师惧怕理论，感觉理论生涩难懂。为理论“举证”，就是运用教学中的具体问题来诠释理论，让理论与实践发生联系，让理论不再是深奥、枯燥的形象，而在实践事例中变得生动易懂。比如我们都知道，艾滨浩斯的遗忘曲线告诉人们遗忘进程是不均衡的，是先快后慢的。在识记的初期，遗忘速度最快，后来逐渐缓慢，最后接近水平，遗忘也较少了。学完生字后，老师过两三天再让学生读或写，学生就会忘记大半，原来与遗忘曲线有关。

3. 把理论“做出来”

学习理论并不是目的，重要的是以理论指导实践，闪现在教学中，这是教师开展理论学习的出发点和归宿点。把理论“做出来”，就是要从理论向实践过渡，实现相关的理论和方式与实践的连接。把理论“做出来”，要经历一个完整的研究过程：一是要学习一个教育教学理论，并写一份理论评价意见，观点及依据；二是根据理论学习设计一份实践方案，可以是课例，也可以是行动方案，说明指导的教学理论及其观点；三是请专家为方案进行论证，使方案更专业，更具可行性；四是践行方案，请同伴质疑并深入讨论；五是即时反思，完善行动方案，再次进行践行。如某位老师在学习了学习金字塔理论后，找到了自己教学效率低下的原因所在——课堂上总是自己讲的时候多，学生动的时候少。于是，尝试让学生上台当小老师讲给其他人听，学生学习质量便有了质的飞跃。

（二）备课研究是教师的内功修为

备课成为许多教师心目中的鸡肋——“食之无味，弃之可惜”，究其原因，是因为这些教师执行的仍是经验备课，就是“将教参上的有关资料转移到自己

① 王从. 教书匠 PK“研究型教师”——读赵晓瑞的《教书匠有何不好》有感 [J]. 内蒙古教育，2009（15）.

的备课本上，然后在课堂上将现成的知识搬运和装卸给学生”，这样的备课是平面的，是缺少深度、高度和厚度的。研究型教师备课要研究教材、研究学生和教法，在研究的基础上生成自己的创造，并在创造中感受备课带来的快乐和愉悦感。

1. 建立起终生备课的意识

“终生备课”是由苏霍姆林斯基提出来的。他在《给教师的建议》中讲了这样一个例子：一位有 30 多年教龄的历史教师上了一节公开课，受到普遍好评，当这位老师的同行问他花了多少时间备这节课时，他回答“对这节课，我准备了一辈子 。而且，总的来说，对每一节课，我都是用终生的时间来备课的”。研究型教师必须有终生备课的意识，主要表现在课前备课后也备，上班里备，生活中也在备，建立起一种时时能求、处处可备的意识。有位教师执教高中语文《离骚》一课时，学生提出这样一个问题：“为什么屈原作为文人却佩着剑？”老师没有多想，凭着自己对文人的理解，直接告诉学生，琴剑诗酒是文人所爱，佩剑能够展现出诗人文武双全。但课后这位老师越想越觉得不对劲，通过大量查阅资料，发现古时候佩剑是一种儒雅风度和身份地位的象征，屈原佩剑想塑造的正是自己儒雅的风度和一种凛然不可侵犯的威严。

2. 高处着眼，低处着手

研究型教师备课时能从高处着眼，不会拘泥于教材和教参本身。首先要大量地阅读与教材有关的书籍和文献，如备《桃花源记》一课时，读陶渊明的同题材诗歌作品《桃花源诗》、南朝文学家沈约的《陶潜传》、昭明太子萧统的《陶渊明传》、陶渊明好友颜延年的《靖节征士诔》、北京大学古典文学学者袁行霈的《陶渊明集笺注》、英国思想家托马斯·莫尔的《乌托邦》，以及 20 世纪中国学术大师朱光潜、陈寅恪等学者的相关论著等。可以说在文史之学的宏阔学术视野中，为《桃花源记》文本的崭新意义的生成创造了可能，同时在古今对照和中西比较中，对《桃花源记》的文化价值进行了有益的发掘。其次，研究型教师还会站在本学科、本册、本单元的角度认真思考本课所处的位置及编者的意图，以便准确地定位课例。如教学人教版小学语文五年级上册《“精彩极了”和“糟糕透了”》一课时，本课的终极目标是引导学生正确看待父母的爱，但如果仅仅这样考虑，就显得太浅薄，还要考虑到语文学科的特点，即工具性与人文性的统一，那么在上此课时就应通过对语言文字的品读来达成对人物内心情感的理解，从而学会正确理解父母不同方式的爱，这与品德课是不同的。

研究型教师备课，虽然从高处着眼，超越教材看教材，但真正进行设计时却能低处着手备课，从学情出发，以人为本，让课以满足学生的学习需求为出发点，以服务学生的学习为根本宗旨。首先要观察学生的学习状况，摸清学生的学习需求，然后根据学生的年龄特点设计适合学生的课。如，谢老师新接了初一年级的语文课，才几节课就发现班里有十多位学生不会汉语拼音，决定给学生补一补。当学生知道老师要为自己补拼音时，都哄堂大笑，认为都已经上初一了，再补一年级时学的拼音不是贻笑大方吗？谢老师半开玩笑地说：“既然还有一部分同学不会，我们就要补上来，否则，将来你们怎么用手机发短信啊？”考虑到学生的年龄特点，谢老师没有像教一年级学生那样给学生补拼音，而是给学生讲了汉语拼音方案制定的艰辛历程，板书了普通话调值表，给学生讲了声母和韵母的来历。学生们听得津津有味，不仅知其然，而且知其所以然。就这样，谢老师仅用了三节课，就把不会拼音同学的拼音全补了上来。这样的备课就是低处着手，以学生的需求为本的备课。

3. 先备厚再备薄

研究型教师备课时会将大量资料补充进教材中来，将教材备出厚度，但真正设计时却又能将备厚的课变薄，提炼出关键处，以关键处引导学生的思维，达到先备厚再备薄的境界。有位教师备《地震中的父与子》一课时查阅了关于作者和地震的大量资料，并挖掘出许多课文中可圈可点的细节，但真正上课时，却只引导学生关注了其中的一句话，以这一句话引导学生不断地朗读和品味。即“他挖了 8 小时，12 小时，24 小时，36 小时，没人再来阻挡他”，并从此句话中体会出时间之长、挖掘之累，让学生边听老师读这句话，边想象在这 36 个小时里，父亲是怎样挖的，他可能会说什么、想什么。感受意志之坚：

在36个小时里，许多父母都放弃了，警察、消防队员也都劝阻过，但父亲始终没有放弃。体会表达之妙：这句话中出现的4个表示时间的词，看似重复，却暗藏玄妙。

（三）研究学生是教育的“血脉”

学生是教师的工作对象，是教师一切教育教学活动的出发点和归宿点，教师的一切行为都是为了学生的健康成长，而所有这一切，都应以对学生的研究为基础和根本。没有对学生全面地、科学地研究，其他的一切研究都是不切实际的。成尚荣在《教学改革与儿童改革》一文中主张“教学研究的深刻意蕴在于教师一以贯之地进行儿童研究”。新课改也提出了教学要面向学生、关注学生、适应学生的具体要求，并逐步为广大教师所理解、接受和践行。教学过程的本质就是教师通过合理的方式把知识传授给学生并达到培养学生能力、发展学生智力的目的。教师必须研究学生，如果不去研究学生，不了解学生的情况和他们的要求，其结果势必造成工作的失误而得不到良好的教学效果。一名研究型的教师，绝不会用一把钥匙开所有的锁，他们讲究辨证施治，对学生不但有静态的了解，更有动态的了解。教师不但要了解学生是怎么样的，还要了解他们为什么会这样。针对学生的不同情况和要求，采取恰当的教育教学策略。

教师了解学生，大体可从以下四方面入手。

1. 望其行

马卡连柯在《论共产主义教育》一书中谈道：“对教师来说，发展视觉也是必要的，要善于研究人的面容，善于研究儿童的面貌，要了解每个学生的生活和个性，了解他们的志向、疑虑、弱点和长处。”学生在学习和生活中，必能通过言行表现出自己真实行为和思想，研究型教师善于在课堂教学、课外活动、集体活动中观察学生活动的真实情况，洞悉学生的内心世界，通过他们的一言一行，并注意积累观察所得的资料，掌握他们的心理活动，并进行多方面地验证，对学生的思想行为做出客观的评价。

2. 闻其心

观察所得只是教师主观之果，了解学生还需倾听学生内心的想法，这就需要教师凭借谈话法打开学生的心扉，这是一项高难度的工作。学生因着以往对教师权威地位的惯性思维，常不敢对教师讲真心话。因而教师首先放下自己的身段，让学生感觉到教师的平等待人，必要的时候，教师可抛出自己的个人兴趣、爱好等，或是通过观察摸清学生爱好之事，投其所好，这样比较容易打开学生的心扉。通过这样的方法获得的信息，往往是最真实的，对教师研究来说，也往往是最宝贵的。

3. 问其亲

了解学生，还要善于调查访问，调查访问的对象一般都应是和学生比较亲近的人，如学生的好朋友、老师、家长、邻居等。调查访问的方式也不必单一，可以直接调查，也可以侧面了解，个别的、群体的，还可以开调查会。在调查之前要做好充分的准备，准备好调查时需要重点讨论和调查的话题，关注被调查对象对细节的描述，并做好调查记录。

4. 切其果

医生在给病人诊断时，往往会摸一摸、试一试，这称之为切，研究型教师研究学生时，也应切其果，即研究反映学生情况的书面材料，包括：学生入学登记表、成绩报告单、学籍卡片、体检表、作业本、考试卷、操行评语、学生手册、学校与家庭联系本、学生日记等。教师不但可以研究上述材料，还可以研究出自学生之手的非正式材料。山东省十大创新人物王立华在班主任工作中喜欢研究学生扔到垃圾箱里的废纸，并在其中发现了许多价值不菲的信息，他称这是学生最真实流露的记录。将对学生的书面材料的研究，与平时的观察、谈话等方法结合起来，可以帮助教师比较全面地掌握学生的情况。例如学生平时测验和考试的试卷，不仅反映了学生的知识水平，也反映了学生的学习态度，可以有效地对学生进行教育。

当然，有些时候，教师需要综合运用以上方法来研究学生，并根据研究所得对学生进行因材施教。如许老师发现班里有个叫颖的女生偏好语文和英语，数学成绩一直上不去，这本是比较常见的现象，但许老师并没有简单地放过这一问题，而是深入了解颖。她首先从数学书上找一道应用题，请颖读给自己听，结果发现颖的语气就像读故事书，许老师据此猜出颖的表达方式是感性的，在读数学题的时候，头脑中所想的往往不是数量关系，而是其中的人物关系，导致她读完题后还不知所云。然后，她又到颖的家中进行家访，发现颖生活在一个艺术气息浓厚的家庭中，从小就学习钢琴和芭蕾，因而在思维方式中感性成分居多，也欠缺对空间概念的相关感知。最后，根据这些情况，许老师制定了指导颖提升数学成绩的三点措施：一是建立颖的理性阅读方式，和颖一起读题、分析题意，鼓励颖动手画图，找出题中的数量关系，逐步建立起理性的阅读方式；二是通过生活体验建立起其空间概念，请她父母给予协助，多带女儿进行一些户外运动，如登山、攀岩等；三是为颖制定短期学习目标，降低她在数学学科上的期待值，要求她一点点地提升，建立她的数学习自信心。通过以上措施，颖的数学学习成绩有了较大的提升。

第三节　书写教师的生命传奇

读书是吸收，反思是内化，写作是表达。对教师来说，教育写作是教师心灵休憩的精神园地，是个人专业成长加速器。李镇西老师曾说过："对教育的爱与执着大家都是一样的；如果说我有什么不一样的地方，仅仅是对这份爱与执着多了一点思考并用笔将其记录下来。"教育写作是教师专业发展的翅膀，能让一名普通教师成长为知名的教育专家。

一、在写作中品享教育幸福

人一生是漫长的，亦是短暂的。每个人的生命都是独一无二、不可复制的，尤其对每天面对儿童的教师来说，每个人的教育生命都独特唯一，每位教师每天的经历都会有不同的生命色彩。每天面对天真烂漫的学生，每天看到学生在不断成长，每天都有不同的体验和感受，这就是教师的生活。也许有时教师体验到的是烦恼、困惑，甚至愤怒，但当时间的长河流过，一次快乐、一次苦恼，甚至一次发怒都会成为幸福的、珍贵的印记，但遗憾的是，许多教育的生命精彩、美好经历却随着岁月的消逝、教育生涯的结束而淡去，这不能不说是一种遗憾。苏霍姆林斯基说过："我建议每位教师都来写教育日记，教育日记是一笔巨大的财富。写教育日记让教师终身受益。"唯有写作，能将这些印记记下来，将教师的幸福记录下来。写作之于教师，于当下，是心灵的耕耘，是心情的释放；之于未来，则是幸福的回味和留存。

（一）写作是心灵的耕耘

作为一名教师，不想着写点东西，心里就会经常感到无聊、失落和厌烦，因为此时的心灵处于荒芜状态，荒芜的心灵不会萌发出幸福的嫩芽，更不会体会到职业幸福感。如果一名教师只爱阅读不会写作，心灵可能不再荒芜，但可能会杂乱无章。阅读是心灵的播种， 写作是心灵的耕耘 。阅读是心灵的" 吸" ，那么写作则是心灵的" 呼" 。当一名教师着手写作之时，他的心灵就会慢慢摒弃外在的浮华和内心的浮躁，迅速进入自由的、生发的积极状态；他的心情因此变得宁静、沉寂，思维则会变得深邃。马克斯·范梅南提出："写作是某种自我制造或自我塑造。写作是为了检验事物的深度，也是为了了解自身的深度。"

教师写作，需要坚强的毅力，因为灵感的火花经常转瞬即逝，不及时记录就会无处寻觅，而坚持记录下来，就能让一颗火星点燃另一颗火星，从而慢慢形成燎原之势。而这种坚持和毅力，也给予教师一种踏实和底气，使教师心灵变得满足和宁静。

（二）写作是专业成长加速器

著名学者肖川认为教师的专业成长是影响教师幸福指数的重要因素之一，他是这样论述的："教师对学生实施教育的过程也是教师的专业不断成长的过程。教师应该在自己的专业发展过程中积极创造幸福和享受幸福。这种发展不仅意味着教师教育能力的增强，还意味着教师个人整体素质的发展，而发展本身就能带给人幸福感。”[①]写作看起来只是教师把自己教育生活中的思考、感受记录下来，其实这是一种非常高水平、高层次的学习，也是一种极为可贵的生活状态，是一种更为诗意的价值追求。在某种意义上说，教育写作就是教师在书写自己的职业历史和生命传奇。李镇西老师曾这样写道：“20多年的教育成长经历告诉我，教师的写作，对教师成长实在是有着十分重要的作用。比如，许多老师是因为《爱心与教育》而记住了我的名字，我也因这本书而赢得了许多读者的尊敬。”

（三）写作改善教育生命状态

教育写作根植于教育的沃土，同时也能改变教育的状态。当教师进行写作时，必然要对即将写的事件进行再次回放和反思性审视。回放和审视的过程，常常伴随着教师主体的深刻思考，进而形成对教育活动的延时性再认识，这种再认识相较于最初的认知，更加趋于理性。教师通过这一过程中的比较、概括、总结和对照，能够寻求到问题解决的最佳途径，从而改变自己的教育行为。这样，在长期的教育回放和审视中，教师对教育的理解会慢慢地趋于理性和自然，自己的教育智慧、教学策略和教育行为都会更加合理和有效，自己的教育生命状态将会得到更大的改善和提升。

二、书写教师的幸福体验

作为一名教师，每天面对正在成长中的学生，都会有或多或少，或浅或深的特有的感觉。比如自己下课后急于与同事交流的在课堂教学中的困惑、失败、成功；参加了一次教研活动，看完一篇文章后产生的思考；甚至某位同事、专家、领导的一句话引发的感慨。这些都是极为珍贵的写作素材。写作不是挖空心思地编造论文，也不是为应付上级检查而写的计划和总结。最为珍贵的写作，就是把自己每天教育生活的点点滴滴记录下来，因为这些点点滴滴中原汁原味地保留着鲜活的气息，是心灵的清泉，最为真实和纯净。

朱永新教授提倡师生共写随笔，把专业写作作为实现教师专业发展的最

---

① 肖川．教师的幸福人生与专业成长[M]．北京：新华出版社，2008.

优路径。某小学语文教师常丽华是新教育实验中成长起来的一名教师，她在工作中尝试每天给家长和孩子写便条，先后写下了十多万字；她每天记录教室里发生的故事，写下了近十五万字。她每周从教育学、心理学等角度给学生的家长写一封信，讨论孩子的成长，一共写下了十多万字。这沉甸甸的三十多万字，不仅让常老师将专业阅读和专业写作化为自己的生活方式，在不断地反思、研究中得到了成长，还把家长们带到了一条和孩子共同成长的道路上。如今的常丽华，被评为山东省教育科研先进个人，齐鲁名师、山东省优秀班主任，《中国教育报》2008 年度“全国推动读书十大人物”，践行了“读写”铸就传奇的成长路径。

三、写出生命的“原汁原味”

谈起写作，许多教师颇有畏怯心理，认为写作就得用比较高深的词，才显得比较专业、学术。其实这是一种误区，教师写作，贵在用自然的文字写真实的教育生命，不需要故作深沉，也不需要进行学术包装，从另一个方面讲，写作的最高技巧不在于将简单的问题复杂化，而是用朴素的语言讲述深刻的道理，这样自然的、真实的、平实的文字更能为读者所喜爱。著名教育家陶行知、叶圣陶、苏霍姆林斯基的文章和专著，都寓真知灼见于朴实无华之中，但谁能否认他们不是大教育家呢？有位教师拿着自己写的关于学生管理的文章《学生班级管理场域探析》去找专家，希望能得到指点。专家看完稿子后，发现全文都是如“场域”“归因”之类的专业术语，却又掺杂着土到家的感觉，显得不伦不类，便问他这篇文章想表达的观点是什么。教师吃力地表达了一通，发现还是没有抛开原文的框架。专家换个角度，让教师谈谈为什么要写这篇文章，他才表达了自己是从一个班级故事中衍生出的想法，说得头头是道、绘声绘色，反倒比较自然、真实。专家让教师把故事的前因后果、经过结果写出来，再把他在故事中的体会与故事后的反思写出来。过了不久，当教师的二稿到专家手中时，专家才发现他一稿时是扬短避长了，他本来擅长的就是教育故事类的写作，但为了追求时髦，反倒去模仿专家的术语和深奥，最后弄成四不像。

修改成教育故事后却生动有趣，让人读后余味犹存。如何写出原汁原味的文章呢？在这里有三点建议：

（一）写自己的事

教师写作，一定要写自己的真实的事，绝不能进行虚构。有许多教师觉得自己的教育生活一成不变，没有什么好写的，这是因为缺少发现美的眼睛，缺少积累的习惯。“世事洞明比学问，人情练达即文章。”对教师来说，教育就是经历，教育就是故事。想在写作时有素材，就要做到两点：一是善于发现和感受，课前关于某处设计的灵光一闪，课堂上某处生成的精彩，课后某个学生的另类话语和行为，都蕴藏着可写的素材；二是要善于收集和记录写作素材，这点看起来简单，但要坚持并不是那么容易，最常犯的错误是有了好的灵感随手一记，等过后就忘得一干二净，想写时更是“芳踪难觅”，只有平时善于积累，胸中有丘壑，下笔才能如有神。有位写作极棒的教师有一个众所周知的习惯，总是随身带着一本自己制作的类似字典的小本子和一个小的平板电脑，参加会议、培训、听课时，他总能从当天的活动中寻找到可以写作的素材，并在小本子上列出闪现的提纲，若有较长的空闲时间，他就在平板电脑上根据提纲进行写作。几年下来，文章就发表了几十篇。

（二）说自己的话

一个人的语言风格在一个时间段内是稳定的，若刻意模仿他人的语言风格，抛却自己原有的风格，一不小心就会形成邯郸学步的局面，在写作过程中，所体验到的也往往是煎熬和别扭。教师写作，无论写什么体裁的文章，都应该用自己的语言来描述，而不要盲目去模仿专家的深奥，只有这样，才能体会到我手写我心的快乐。写作之前，搜集资料的过程很重要，但不能被资料所左右。想做到这一点，就要大量阅读相关资料，并抽取出自己能读懂的、比较权威的部分，将之内化为自己的思想，再用自己的语言表达出来。

（三）诉自己的情

教师写作，要坚持以我手写我心，用自己的语言表达自己的观点，在写作中实现对自己生命的尊重，在与自己教育生命的对话中感受教育的美好和精彩。一方面要坚持写表达自己观点的文章，切忌拾人牙慧，把专家的观点拿过来说一通，这样的文章于己没有表达出自己的心声，于人没有阅读和借鉴的价值。但作为一线教师，鉴于视野的狭隘，自己想到的观点，自我感觉比较新颖但教育界应用已久的现象并不少见，这就需要教师在下笔前多读相关领域的文章，包括比较权威的和比较前沿的文章，在大量阅读之后，仍认为自己的文章比较新颖，有可写作和讨论的价值，那就一定要动笔写出来。另一方面是不要盲目拔高，像小学生写作文最后总要加个高大尾巴的做法是不可取的，写作就是写作，就要纯粹而不考虑其他无关因素。

通过教育写作，教师体验和感受到教育的不同生命色彩，更加坚定职业信念，收获成功的愉悦，品享和体验教育带来的幸福感，调动自己的内省资源，完善自己的教育行为，让自己的教育生活从一成不变走向每天都丰富多彩，使自己的教育生命状态得到改善和提升。

第六章

课堂文化的回归与幸福课堂构建

教育，是人对人的主体间性的灵肉交流活动，包括知识内容的传递、生命内涵的领悟、意志行为的规范，并通过文化传递的功能，将文化遗产教给年青一代，使他们自由地生成，并启动其自由天性。

——德国哲学家　雅斯贝尔斯

教师的职业生涯与课堂生活是融为一体的，课堂也是教师专业成长的主要场所，是教师专业发展的主渠道。教师在课堂上幸福不幸福、快乐不快乐直接决定着学生在课堂的幸福与快乐。就是说，幸福是课堂教学的基本价值追求，幸福课堂的构建要以教学文化唤醒、回归和自觉为根本前提，将幸福课堂定位为生命的课堂、道德的课堂，实行道德与智慧整合建设，使之成为全人课堂。

构建幸福课堂要以人的整体培养和生命的和谐成长，促进人教学的幸福为己任。重建课堂文化，实现课堂文化回归，就要对传统课堂进行审美化改造。教师要以文化自觉成就有文化的课堂，自觉践履当代教学文化，让人的本性、尊严、潜能在课堂教学中得到最大的实现与发展，达到人人拥有幸福人生的终极教育目标。

第一节　幸福课堂的人文意蕴

师生绝大部分时间是在课堂中度过的，可以说课堂生活是师生主要的生活形态。师生在课堂的生存状态如何，反映着他们的整体生命状态。追求课堂教学的幸福度是课堂教学追求的重要目标。可以说，幸福是课堂教学的重要价值取向。教师给学生一个什么样的课堂，就意味着给一个什么样的生活，直接体现着师生当下生活的幸福和师生未来生活幸福的指向。幸福课堂构建首先要正确界定它的定位及其生命、道德与全人的意蕴，这是课堂文化回归与重建的前提。

一、幸福课堂的定位

学校应是一个让人幸福的地方，而课堂是师生共同创新的精神园地，是师生幸福生活的栖息地。幸福是课堂教学的重要价值取向，这决定了课堂不能是一个仅仅传授知识的场所，而要成为促进学生智慧、情感、人格、教养等生命品质全面发展的舞台，不应关注学生功利性的眼前利益，而应为其长远人生的可持续性发展奠基。

（一）幸福课堂

幸福是一种愉悦的心理体验、快乐的生存状态，是自我价值的满足与实现。人的幸福从心理、生理和伦理三个维度上，分为心理幸福、生理幸福和伦理幸福。与此相对应，幸福课堂也有心理、生理和伦理三个维度。

从心理维度上来看，幸福课堂是能带给师生愉悦的心理体验，给予师生安全、自由感的课堂。幸福课堂的教学氛围是友善的、包容的、体贴的、和谐的、温馨的、阳光的，学生在这样的氛围里生活是自然的、自由的、主动的、积极的、愉悦的、幸福的，师生可以敞开心扉，舒展自己的心灵。在充满幸福意义的课堂里，燃烧着火热的激情，闪现着智慧的灵光，涌动着生命的活力，流淌着诗意的美丽，洋溢着成长的气息。

从生理维度上来看，幸福课堂是师生经历到的幸福快乐的生活境遇和生存状态，课堂教学活动是各要素和谐共生、能动发展的教学形态。课堂呈现的不仅是探索知识的热望，更是一种浓浓的人文情怀，师生以自己的心灵和情感去理解对方、悦纳对方、关怀对方。在这种形态的课堂里，师生之间彼此理解，做到相互沟通、协同合作，共同分享知识、情感和智慧，通过民主交往体现出个人的价值和尊严，并充分满足自己的精神需求，同时彼此包容、彼此支持、相互激励，在超越功利中彰显生命的价值。

从伦理维度上来看，幸福课堂是师生能在课堂上有一种自我实现的成就感和满足感。"课堂教学活动作为师生的生命对话活动，不仅是学生生命发展和完善的过程，而且还是教师自我生成、自我发展、生命价值实现与生命意义充盈的过程。如此一来，教学活动既是'成人''成才'的过程，也是'成己''育己'的过程。"[①]

综上所述，幸福课堂既承载着学生的幸福，又承载着教师的幸福，是师生心理幸福、生理幸福和伦理幸福的统一。构建幸福的课堂，要做到既关注结果也关注过程，既体现独享也体现分享，让学生在轻松愉悦的状态下体验学习

① 罗儒国．幸福是教学的重要价值取向[J]．中国民族教育，2009（4）．

的快乐，又在和别人的交往、合作中享受着共同成长的喜悦。

（二）幸福是课堂教学的价值追求

苏霍姆林斯基曾说："在教学大纲和教科书中，规定了给予学生各种知识，但却没有给予学生最重要的东西，这就是幸福。理想的教育是：培养真正的人，让每一个从自己手里培养出来的人都能度过幸福的一生。这就是教育应该追求的恒久性、终级性价值。"

课堂教学过程是师生生命共同成长的过程，也是师生双方体验幸福，感受幸福的过程。构建幸福课堂，除了需要学生对幸福拥有正确的认识外，还需要他们具有感知幸福、创造幸福和享用幸福的能力。也只有当这种能力变成了学生的内在素养，他的幸福才是自由和终身的，教育也才是成功的。

因此，幸福课堂不仅要关注学生知识获取、智力发展、能力培养，更应关注教学活动中师生的幸福体验。激发学生的幸福感，提升学生的幸福指数，不仅要对学生的学业质量负责，还要对学生一生的生命质量负责，更要为学生的幸福人生奠定基础。要站在关注"人本"的高度上，从关注每一个学生开始，从尊重每一个学生的智慧开始，从相信每一个生命的意义开始，从成全每一个生命发展开始，不断改进教学方式，优化课堂教学，让每一个学生在幸福中获得成功的愉悦，给他们打造一个幸福的童年，为他们一生涂上厚厚的幸福底色。

二、幸福课堂的生命意蕴

把课堂定位为人的"生命发展场"，通过实现书本知识与人类生活世界沟通，与学生经验世界、成长需要沟通，与发现、发展知识的人和历史沟通三方面的沟通，促进人的生命素质、生命质量和生命境界持续不断地超越与升华。幸福课堂的生命意蕴，其着眼点不是停留在知识的传授、能力的培养，而是从关照人的生命发展的角度，体现对生命的关怀与重视，让生命在课堂中涌动与成长。

（一）生命课堂及其本质特征

所谓生命课堂，是在以人为本、促进学生生命多方面发展、课堂教学具有生成性等生命教育的理念为指导，以学生为主体、课堂为阵地，以教师生命活动与学生生命活动的有效交往为基础，以在教学中捍卫生命的尊严、激发生命的潜能、提升生命的价值为目标，顺应生命的整体性、独特性、自主性、创造性等特性的课堂教学。这个定义充分体现了“基于生命，为了生命和促进生命”[①]课程改革的核心理念。

1. 生命课堂内涵

作为生命课堂，其基本内涵包括：（1）生命课堂是一个“生活场”。课堂生活离不开活动，学生又是课堂生活的第一主角。课堂教学要把学生的生命潜能真正从沉睡中唤醒，并迸发出蓬勃的生命活力，必须回归生活。（2）生命课堂是一个“情感场”。生命课堂是洋溢着生命激情和充盈着幸福体验的课堂。教师要营造一个“情感的课堂”，让学生在一种自由、和谐的氛围中得到陶冶与美化。（3）生命课堂是一个“创造场”。课堂应根本地关注学生主体性的核心与灵魂——创造力的培养。（4）生命课堂是一个“思辨场”。生命课堂是拥有思想深度和文化内涵的课堂，洋溢着哲思之美，诠释着逻辑之美。让课堂充满思辨的味道，让学生在学习的过程中，激活思维，发展思维，这是师生对话走向高效、促进生命可持续发展的关键。

2. 生命课堂的基本特征

生命课堂的主要特征体现在以下四个方面：（1）关注生命的整体性。生命发展的多样性和层次性，决定了学生的生命成长的内涵，它包括既学生身体发育，又包括学生精神世界的丰腴；既包括学生知识、技能的获取，又包括学生的情感、态度和价值观的培养；既包括学生学业质量的结果，又包括学生在学习知识过程中的情境体验，从而实现学生生命的整体性发展。（2）尊重生命的独特性。教师要掌握每个学生的优势和不足，了解每个学生学习方式的差异，了解并善待每个学生的兴趣和爱好。教师应尽量改变统一的评价标准，采取多样化的评价方式，让每一个学生都能得到充分的展示，让每一个学生的

① 王鉴．课堂重构：从“知识课堂”到“生命课堂[J]．教育理论与实践，2003（1）．

学习都得到充分的肯定，让每一个学生都能体验到成功的乐趣。（3）善待生命的自主性。给学生充足的自主探索时空，让学生自己发现问题、解决问题，满足学生成长过程中的求知欲和创造性。（4）追求生命的成长性。教师不能以学生一时的表现和成绩来评定学生，制定太多具体的、固定的目标来约束学生，要相信每一个学生都有发展的潜力。

三、幸福课堂的道德意蕴

道德是社会生活体验的产物。课堂是一种特殊的生活体验，同样也离不开道德。幸福课堂的过程和结果都应合乎道德规范，充满道德之光。

（一）道德课堂

“教育即道德：合乎道，至于德。”课堂应该循“道”而行，也就是要遵循基本的教育教学规律、学生的认知和成长规律，围绕“实现师生共同发展，实现国家人才培养目标”而建构课堂生态。那么，到底什么是道德课堂呢？

鲁洁教授认为，“道德课堂就是要让教育者用道德的方式去从事教育教学与管理，让师生从中‘得到愉快、幸福与满足，得到自我的充分发展与自由，得到唯独人才有的一种最高享受’”。它需要教师建构体现人性的教育观，以合乎道德的方式开展教育教学活动，让学生在民主、和谐的环境里，产生积极、愉悦、成功的体验，身心健康、精神自由、生命自主、人格健全地成长为有道德的一代新人。

道德课堂是一种高品质的课堂形态，是一种饱含德性、人性的生态课堂，是师生共同的精神家园。道德课堂的终极目标就是学生的终身发展，把学生今天的健康成长和明天的幸福科学有效地统一起来。建设道德课堂，就是要进一步改善教师的教学生态，改善学生的学习生态，让教师和学生在课堂生活中享受到幸福和快乐，提升师生的生命质量。

因此，从道德自觉的高度，去重新审视当下课堂，审视那些不道德甚至反道德的教育行为，加以改进和完善，使教师在道德的环境中组织有道德的教育教学活动，努力使教学过程成为学生高尚的道德生活和丰富的人生体验，让学科知识增长的过程同时也成为学生人格健全和发展的过程，让课堂生活充满生命的活力。

（二）构建道德课堂

道德课堂强调的是整个教育过程的德行问题，既包括学校管理的德行问题，又包括教师教育教学活动的德行问题。道德课堂关注和尊重学生的身心特点、价值取向和文化追求，提出建构合乎人性的教育价值观，以合乎道德的方式开展教育教学活动。那么，如何重构道德课堂呢？

1. 以学生的发展为本

从学生全面发展和未来发展的需求出发，关注学生的学习状态和情感体验，注重学生主体地位的体现和主体作用的发挥，尊重学生之间的差异，避免强制、压抑、语言暴力等不道德的现象，从而尊重学生人格和个性，鼓励发现、探究与质疑，培养学生的创新精神和实践能力。

2. 建设高素质的教师队伍

学校管理要服务于教职工的发展，高度关注教职工生命成长的质量，将教师的发展由工作层面提升到生命层面，让教师享受到职业的尊严与快乐。

3. 开发丰富的校本课程

要充分挖掘和利用学校和社区资源，根据学生的年龄特征、个兴趣爱好和能力倾向，开发出不同层次的、大量的、高质量的校本课程，实现课程结构的多元化以及课程实施的实践性、差异性和可选择性，使学生能够根据自己的价值取向和文化追求自主选择、自主发展。

4. 充分挖掘课堂本身的道德性

要使课堂教学洋溢着道德的光辉，教师在道德的前提下对学生进行道德的教育，不仅仅在思想政治课堂上，而且在所有的学科课堂教学中。

5. 建构科学的评价体系

要以评促学，开发定性和定量相结合的，科学、全面、客观、公正的校本评价体系，既是道德课堂的实施保障，也是道德课堂得以实施的体现。

总之，道德课堂的构建，要求教师重新审视自身角色，重新定位师生关系，重构平等、尊重、信任、民主、和谐的师生关系，进一步提升师生的生活质量和学习质量。教师要加强以课堂伦理、课堂幸福为核心的基本教学素养的修炼，积极营造道德课堂生态，重建课堂文化。

四、幸福课堂的道德与智慧整合

在大量实践中，我们越来越发现一个人的人品和智慧才是其走向成功的重要因素。一个人只要具有了高尚的品质，坚定的信心，科学的方法，顽强的毅力，并能锲而不舍、长久地坚持下去，无论做什么事情，都会取得成功。课堂是教育的主渠道，幸福课堂建设要以全人视角建构道德与智慧整合的课堂，促进学生人品与智慧的双核发展。

（一）幸福课堂是“完整人”的课堂

罗杰斯认为，一个 “完整人”，实际上是“躯体、心智、情感、精神和心灵力量融会一体的人”，是一个智情合一的人。一方面，教育借助知识培养人的认识能力，然后转识成智，开发人的思维能力，形成创造性思维，最后化智成德，养成德行，使受教育者成为具有健全人格的人。另一方面，教育只有唤醒学生的内生性，致力于培养学生的主体能力、人格，才会使学生以积极的态度参与到自身的发展与建构中来。课堂作为师生人生舞台和生存时空，只有以生命整体参与课堂的建构中，师生创造性潜能才得以充分发挥和品享到教育生活的幸福。

1. 时代呼唤道德和智慧的回归

哲学家柏拉图说过：教育“乃心灵的转向”，“教育是为了以后的生活所进行的训练，它使人变善，从而高尚地行动”。乌申斯基则认为：“完善的教育可能使人类身体的、智力的和道德的力量得到广泛的发挥。”我国的教育目的也一直强调学生德、智、体、美、劳全面发展。其实，道德和智慧从来就是教育的本真和终极追求。但长期以来，由于高考升学竞争愈演愈烈，我们的教育开始走向“应试本位”“知识本位”“分数本位”，教育的功利性被过分夸大，教育偏离了其本真和追求。作为教育工作者，我们有责任有义务回归教育的本真，让道德和智慧与教育同行。

2. 新课改凸现智慧和道德的教学论意义

2001 年颁布的《基础教育课程改革纲要（试行）》明确提出了“知识与技能、过程和方法、情感态度和价值观”三维目标体系。“知识和技能”目标立足于让学生学会，强调的是结论。“过程和方法”目标立足于让学生会学，重在掌握方法、主动探求发现新知识、新信息以及提出新问题、解决新问题，更强调智慧的生成。强调知识探索过程，意味着学生要面对困惑、挫折和失败，这正是每个人生存、学习、成长、发展、创造所必须经历的过程，是一个人能力和智慧发展的内在要求，是一种不可量化的要素，一种难以言说的回报，即使耗费一定的时间和精力也是值得的。“情感态度和价值观”目标立足于让学生乐学，强调关注学生的情绪生活和情感体验，强调关注学生的道德生活和人格养成，强调“教学过程同时也是德育过程”。教师要努力使课堂成为学生高尚的道德生活和丰富的人生体验过程，这样，知识增长的过程同时也成了学生人格的健全与发展过程。对此，苏霍姆林斯基指出：“只有当知识在变为个人信念，变为人的精神财富，从而影响到他生活的思想方向和劳动、社会积极性及兴趣时，知识的获取过程和知识的深化过程才能成为智育的要素。世界观的形成乃是智育的核心。”

2016 年颁布的《中国学生发展核心素养》丰富和发展了传统意义上的德育内容，更加强调学生的认同感、责任感、创新意识与能力、国际视野等等。

2022 年版《义务教育课程方案》进一步强化了课程育人导向，将党的教育方针细化为各学科着力培养的核心素养，体现正确价值观、必备品格和关键能力的培养要求。

3. 道德和智慧：学生生命精神成长的双翼

生命成长主要包括自然生命成长、精神生命成长和社会生命成长。学校教育更多关注学生的精神生命成长。精神生命成长是指人的生命的精神性、价值性的不断形成、发展，不断丰富和提高的过程。人的精神生命不是先天决定的，是在后天的学习、交往和社会实践活动中形成和发展起来的。因此，人的精神生命的健康发展是超越自然生命的关键。正如德国哲学家雅斯贝尔斯曾说:“教育的过程首先是一个精神成长的过程,然后才成为科学获知的过程”。而精神生命的成长过程就是智慧生成、道德提升和人格健全的过程。

(二)道德课堂与智慧课堂的整合

智慧课堂由教师的教育智慧和学生的智慧组成。教师的教育智慧是教师在探求教育教学规律基础上，长期实践、反思、感悟的结果，也是教师理念、学养、价值观等多方面素质高度个性化的体现。其主要表现为：教师对教育教学工作的规律性准确把握、创造性驾驭、深刻洞悉、敏锐反应以及灵活机智应对的综合能力。学生的智慧是由智力、知识、方法、技巧、意志、情感、个性意识倾向、气质和美感等要素构成的复杂系统,它是一种以美德和创造为方向,以能力为核心，以敏感和顿悟为特征，以机智为主要表现形式的整体品质。

那么，我们应该怎样推动道德课堂和智慧课堂的整合呢?

教育者要通过对道德课堂与智慧课堂的整顿、协调、重新组合，教师运用教育智慧，以合乎道德的方式，让学生过上既有道德又有智慧的课堂生活，寻求在知识增长的同时启迪智慧、养育德性、健全人格、润泽生命，使教学过程不再只是一个特殊的认识过程,更是学生神奇的智慧涌现、愉悦的情绪生活、积极的情感体验、高尚的道德生活和丰富的人生体验过程，是师生生命意义不断显现的生动活泼的生活过程，是一个完整的人的生命发展过程。通过整合，实现让学生在求真中求善，在成人中成才，成长为德才兼备、仁智并举，富有人文精神和科学精神的一代新人。

道德课堂和智慧课堂的整合，就是矫正培养“知识人”的教育目的观。实现由培养“知识人”向德才兼备、仁智合一的富有生命活力的人转变，就是矫正把课堂教学过程仅限于认知层面的教学过程观。教学过程不仅要关注认知层面，更要关注人的存在，是人的交往互动、生命活动、精神成长的过程。通过知识与技能、过程与方法、情感态度和价值观三维目标的有机整合，在知识建构和解读中，在技能形成和发展中，生成智慧、养育德性、健全人格、润泽生命。

道德课堂和智慧课堂的整合，应贯穿于学校一切课堂教学活动中，既不仅仅局限于德育课堂，也不仅仅局限于语、数、外等学科课堂，而是强调德育课堂和学科课堂的整合。

德育课堂和学科课堂的整合，也不应仅仅局限于学校课堂，要从学校课堂中走出去，走向自然、社会（包括家庭）大课堂。只有在自然和社会大课堂中，学生的德行和智慧才能得到真正充分的生长。它更强调学校、自然、社会的有机融合，强调学科课程与经验课程的有机融合。

道德课堂和智慧课堂的整合，教师素质是第一位的，没有教师良好的素质，再好的设想在实践中也难以实施，任何改革和实验都必将走向失败。同时，校园生态环境建设也不容忽视，尤其是制度环境和人文环境建设，这是课题实验赖以生存和发展的基础。

第二节　幸福教育呼唤课堂文化的回归

随着新课改的不断深化，中小学课堂教学有了很大改观，但大家所期待的课堂生命活力仍然不能焕发出来，学生在课堂中的创造和灵性依然不能得到释放，大部分教师在面对新挑战时依然无所适从、茫然无助。尽管流行的各种理论、方法、概念、话语不断变换，但课堂教学的面目却依然似曾相识，甚至千篇一律。当下课堂究竟缺少什么？

一、课堂教学需要审美化改造

教育是文化的传承，课改的目的就是要更好地实现文化的传承。教师应该以文化的自觉，对教学审美化改造，实现对课堂教学文化的践履，成就有文化的课堂。这种课堂必然是幸福的课堂，师生在这样的课堂里必然有幸福的生活。

（一）教学的审美化改造

传统课堂强调学生认真听讲、坐得直、不出声，强调学生被动服从，尤其是思维的服从、知识的服从。这样的课堂是没有生气的课堂，是思想专制的课堂。在这样的课堂里，师生没有自信，师生之间不能平等对话、不能进行理性辩论，缺失了教学的民主和知识秩序。上海的一项调查表明，近八成多的课堂，教师不能容忍学生的奇思怪想，结果只能是学生缺乏创造力和批判性思维。由此看来，课堂文化与教学比起来，虽然好像很外围，却决定着整个课堂的教学品质，决定着教学的成败。我国的课堂要有所突破，必须从课堂文化的变革开始，对教学进行审美化的改造。

1. 教育的核心任务就是培养人的终身兴趣

课堂文化左右着教师和学生全部的精神生活，而不只是智力活动。但是现实却不容乐观，某学校校长李某这样形容学生的真实状态："很多孩子到学校来不是因为喜欢上课，甚至有些孩子不是因为喜欢老师，只是因为到学校里来可以和同伴在一起。还有些孩子喜欢语文、喜欢读书，但不喜欢语文课。很多孩子喜欢运动、热爱运动，但不喜欢体育课……这种情况并不在少数，非常可怕。"

教育的最初功用是开启心智，传播伦理。苏格拉底、柏拉图，以学园为乐园；孔子以游学为乐，教弟子三千。这些跟考试完全没有任何关系，跟人才选拔、经济发展、职业谋生也没有任何关联。但是后来有了关系以后，教育的动机却发生了变化。

钱学森的世纪之问，让我们清醒地认识到，我们在培养学生的终身兴趣上是失败的。我们的精英人才不是为兴趣而读书，是为着别的目的而来的，一旦目的达到了，早把知识扔到九霄云外。

教育功利性泛滥的问题，固然有其深刻的社会、文化根源，然而教育本身也难辞其咎，因为教育本身就具有引导社会价值取向的强大功能。

2. 教学的主要任务就是培养学生的学习兴趣

"为什么我们的学校总是培养不出杰出人才？"总结一些著名的哲学家、科学家和商业奇才身上的成功经验，我们发现，学生终身兴趣得不到持续培养是学校教育培养不出杰出人才的主要原因。

培育学生的终身学习兴趣，一条重要路径就是对教学进行审美化改造。美对人具有天然的吸引力，它不但能唤起人发自内心的热爱，而且能唤起人长久的热爱。一个人的终身兴趣一旦被培养起来，他的创造性将会如雨后春笋，无穷无尽，势如破竹。

因此，教育的一个重要任务就是培养学生的兴趣。值得我们思考的是，当下大量的学校忽视甚至无视学生兴趣问题，很多老师甚至还抱着“你喜不喜欢都得学”的传统思维，把学生逼得无路可退。育人是学科教学的内容在价值，是教师学科教学的最终使命。真正美的课堂，不在于用什么样的教学方式，重点在于学科素养的培养，在于教师气质，更在于教学视野。在这样的课堂上，师生之间的互动之美，追求真理的学科之美，跨越学科的思想之美，都会深深地吸引学生，让他们对学习产生浓厚的兴趣。课堂之美就在调动教与学两个主体的过程中产生了。什么时候，我们的课堂处处生长着这样的大美，我们的教育就不再是功利的奴隶。怀着因大美而诞生的兴趣的种子，我们的人才才可以走得更远。①

（二）课堂文化及其唤醒价值

当下很多教师把很多精力花在了研究教法、教学模式、教学手段以及学科教学的整合上，却把文化这一不该丢失的东西丢掉了。文化的缺失特别是教师文化的缺失，会导致教师的人文思想的缺失，教学的世界观的消失，教师哲学思想的贫乏，教师个人品格的缺失，课堂没有了教师人格的气息。缺失了文化的课堂，必然变得索然无味，何谈师生的幸福呢？构建幸福课堂，让师生享受课堂生活的幸福，首先从认识课堂文化开始。

1. 课堂文化及基本要素

余文森教授认为：课堂教学改革的核心与终极目标是重建课堂文化。这一论断表明了课程文化和课堂文化的关系以及课堂文化重建的价值。那么，什么是课堂文化呢？

---

① 余慧娟．教学改革的方向性思考 [J]. 人民教育，2011（1）.

所谓课堂文化，是“师生在课堂教学中所体现出来的思想意识、思维方式以及学习方式的总和，是学校的价值取向在课堂活动中的体现。它是在长期的课堂教学活动中形成并为师生所自觉遵循和奉行的一种文化”。课堂文化作为学校文化的子文化，它有环境文化、制度文化、行为文化和精神文化四个基本要素。课堂文化的每一要素都有丰富的内涵，正是这些各自不同的内涵共同构建形成优质的课堂文化，让课堂焕发出生命的活力。

（1）环境文化。环境文化是指依照当前教育理念和课堂教学改革的趋势，营造适合学生自主学习、自主发展和有利于实现高效课堂的和谐环境氛围。其内涵是自由、开放、赏识、宽容和激励。课堂文化的整体构建，既包括室内布置、读书角等硬文化，又包括班名、班徽、班歌等软文化。

（2）制度文化。制度文化是指课堂教学运行过程中的规范，包括教师的规范和学生的规范两方面。其内涵是自律、他律、律动、规则。

（3）行为文化。行为文化是指课堂上的教师行为、学生行为和师生互动行为。其内涵主要是民主、平等、尊重、信任、包容、和谐。

（4）精神文化。课堂精神文化规定和制约着课堂环境的品位、课堂制度的严谨和规范、课堂行为的准则。其内涵主要是以学生为本，对课堂道德水准、育人价值、生命感召力、学科文化价值的深度挖掘。

2. 课堂文化对人的唤醒

“课堂教学文化唤醒的目的不是传授已有知识，而是要把人的创造力量唤醒，将人的生命感、价值感、文化美、人格美从精神生活的深处唤醒。”因此，课堂教学文化的唤醒要以人为本，促使学生自觉意识到自身的主体地位，进而自由地发展，健康地成长，幸福地学习。

（1）课堂文化对师生潜能的唤醒。课堂文化的主要功能是促进人的发展，而人发展的过程恰恰就是人的潜能唤醒的过程。在文化气息浓厚的课堂上，唤醒师生潜在的内生力量，使其由隐性转化为显性，从而确立师生建构课堂文化的主体地位。

（2）课堂文化对师生文化意识的唤醒。课堂文化孕育于教学实践，反过来又影响着师生的教学行为。“课堂文化使师生以特定的文化精神在教学交往中对话、理解与合作，使师生作为自由的主体去接触文化、体验文化，使师生对教学培养人的目标有清醒的自知，并过上美好的教学生活。”

（3）课堂文化对师生生命意识的唤醒。极端理性的课堂文化忽视了教学是生命与生命对话、心灵与心灵碰撞的过程，使教学“忽视了生命的需要，忽视了生命的激情和冲动，淡漠了对人的心灵和智慧的开发，对人的情感和人格的陶冶，使人成为被功利所驱动的‘工具’，放弃了对生命的感悟，对幸福的追求”[①]。

充满人文关怀的课堂文化，能让师生双方在相互关怀中达成生命的共识，领悟生命的真谛，感受生命的尊严。这种课堂文化“唤醒的是每一个学生的生命意识，提升每一个学生的生命境界，让每一个学生都能自由地、充分地、最大限度地实现自己的生命价值”，它坚信“教学的最高境界应是生命被激活、被发现、被欣赏、被丰富、被尊重”。[②]

（4）课堂文化对师生个性解放意识的唤醒。课堂文化的回归，让师生个性解放意识逐步觉醒，师生不断寻求工具理性和价值理性的融合发展，通过个性解放精神的弘扬促进教学自主，实现教学相长的目的。

二、建设活力课堂文化

良好的课堂文化需要教师对学生的生命状态与文化有高度的自觉，把促进学生生命的整体发展作为教学实践的出发点和落脚点。因此，课堂文化的建设要以引导整体生命发展的需要为己任，构建开放而有活力的课堂文化。

课堂文化就是课堂的价值追求，它应该体现为对生命的理解和尊重，对智慧的激发和启迪，对能力的培养和提升。建设新的课堂文化，要努力构建平等民主、和谐共处、互动合作、自主探究的课堂氛围，赋予课堂以生命价值。为此，建设开放且充满活力的课堂文化要关注以下四个问题。

---

① 冯建军 . 生命与教育 [M]. 北京：教育科学出版社，2004：185.

② 郭翠菊 . 论教学唤醒 [J]. 河南师范大学学报（哲学社会科学版），2007（4）.

1. 基础性的目标

课堂文化建设不能偏离基础教育的本位价值，不能脱离基础教育的基础性。基础教育的课堂文化建设一定要服务于抓基础，不能只是加法思维，必须有加有减，把主要精力放在给学生打好应该打好的基础上。《中华人民共和国义务教育法》明确规定，中小学生的基础一是品德（做人的基础），二是智力（做事和继续学习的基础），三是体质（品德和智力的载体）。

习惯是基础素质的重要体现。课堂文化建设的过程，就是培养学生的习惯（反应倾向、思维习惯和行为习惯）的过程。反应倾向影响学生的价值取向，思维习惯影响学生的思维方式，行为习惯影响学生的行为方式。如果教学能把需要掌握的内容变成学生的一种反应倾向、一种思维习惯和一种行为习惯，那么这个"基础"就真正打好了。所以，课堂文化建设应当通过培养各种好的习惯，来体现基础教育的基础性。

2. 人本性的理念

学生的发展永远是教育的目的，也是教师专业发展的目的。因此，课堂文化应当体现对学生生命价值的尊重，体现人本性的理念。发挥学生的主体作用，要关注师生互动、生生互动和教师、学生、文本之间的互动，三者之间形成一个完整的沟通过程。课堂文化建设要倡导教学从单向型向多向型转型，实现教师、学生和文本三者之间的互动，构建课堂沟通文化，创造生成性的教学。

3. 导向性的价值

教育本身就是价值引导和价值创造的过程。社会发展带来了青少年价值观的变化，一方面从对社会价值转向个人价值，另一方面青少年心目中的能力价值内涵不断扩展。因此，引导青少年树立正确的价值观，成为现代教育肩负的重大使命。教育必须重视价值观的融入，在课堂上培育学生正确的价值观念。课堂文化建设也必须旗帜鲜明地坚持主流价值观导向，并将这种导向贯穿于教学活动的全过程。

4. 多样性的模式

积极向上的课堂文化是学生智慧、能力、人格生长的必备条件。课堂文化建设要遵循三个原则：注重学思结，注重知行统一，注重因材施教。要探索多种培养方式，不能简单地用一种模式解决所有的问题。当然，改革也不能仅仅发生在课堂上，但是不以课堂为主阵地的改革，绝对不是真正的改革。

三、核心素养统整下课程文化重建

一段时间以来，“知识至上”的教育观念让我们忘了“为什么”出发。当前，学校教育现行的分科策略，导致教师往往以学科教学为本，而非以育人为本。基于核心素养培育的课程统整，首先要考虑的是学生作为“人”的发展需要什么样的核心素养。比如，大家关注的作业问题，从核心素养视角来看，作业里的责任、抗挫、时间观、效率观，比作业本身更重要，而这些素养，可以统整所有的学科。再比如，课堂上的自控和倾听，讨论、合作中的秩序和包容，运动会上的拼搏、友谊、团结、意志，也可以统整所有的学科。因此，要科学地挖掘学科的育人价值，对学生核心素养进行培育，增强“学科育人”功能，提升学科建设品质。

从这个角度出发，我们认为：育人是学科的本质属性，学科育人完全符合时代与社会要求。学校教育实现从“知识至上”向“素养为重”的转型，其本质是对人的认识、对教育的认识的回归和升华。以育人作为终极目标的学科建设，要遵循学生终身发展、实现当下幸福和未来幸福的理念，重构学科教学育人体系。

教师的职业素养要回归，回到“育人教书”的主要任务上来，而且是先育人后教书。“育人教书”本来是教师的职业特征，但是有的教师却慢慢地丢了“育人”这个本分。“育人”成了只是班主任、政教处的事情，而和我们学科教学、其他教师无关。核心素养统整下的课程与教学，教师必须转变观念和角色，回归职业素养。达成这一目标，必须让教师掌握一定的课程理论，具备一定的课程意识，特别是核心素养统整下的课程意识。这里我们所提到的课程有三类：

分科的国家课程。分科的国家课程要关键素养化，教师可以“师本化”

地落实国家课程，个性化地开发微课程，实现国家课程与师本课程的和谐统整。

综合性的国家课程。综合性的国家课程更要核心素养化，如劳动课、综合实践活动、美术课等，不仅仅是由主题来统整，而是由人的核心素养来统整。

校本课程。校本课程需要个性素养化，呈现丰富多彩的、可供学生自主选择的社团课程，而不是倾学校之力打造“一刀切”的课程。

总体来看，提升教师的专业能力非常重要，而提升教师专业能力的非专业素养即人的核心素养更为重要。“一个只知道教知识、练能力的教师，算不上是真正意义上的合格教师，只有懂得将人性和道德弥散在自己的教学行为和日常行为中的教师，培养学习者优秀品格的教师，才是一名真正的师者。”教师的职业素养回归之时，就是教育本真回归之时。

第七章

好教师，卓越与幸福同样重要

——唯有从自我生命中涌动着对美好事物的欲求，一个人才能不断地保持灵魂的开放性，善于接纳更高事物，不断自我成长才有可能。学生究其实质而言，就是一种不断涌现对没害事物的欲求、趋向自我完善的生命姿态。

——湖南师范大学教授　刘铁芳

唯有教师的热情才能激发学生的爱的情感，唯有富于想象力的教师才能理解、启发学生的想象力。热情与想象力可谓教师最重要的生命素质。

什么是好教师？怎样做一名好教师？这是一名教师能否享受终身幸福必然要思考与回答的问题。我们认为，幸福的教师一定是一个优秀的教师，甚至是一个比一般意义上优秀教师更优秀的教师。教师从入职开始，经过职业生涯发展的几个阶段之后，逐渐有了自己的教学主张，形成了比较成熟的教学风格，他（她）会逐渐迈向名师这一境界。国家提出的有理想信念、有道德情操、有扎实学识和有仁爱之心的“四有”好教师标准，为当前和今后做一名好教师指明了方向。这里，我们不仅要问这样一个问题：名师之名，“名”在哪里？这个问题一定要弄清楚。名师只有在专业知识发展到一定程度，持续发展提升专业情意素养，积极培育教育兴趣，保持职业激情，实现教师专业发展的完满之时，才能成为一名好教师。由此看来，从一个普通教师迈向名师、再到一名好教师，这一过程是教师自我实现、自我超越的过程。好教师在不断追求卓越的过程中，不断获得价值感、成就感、创造感和审美感并幸福地成长，教师的职业境界和事业品位因此而不断提升。从这个意义上，对于教师而言，幸福与卓越同等重要。

第一节　走出倦怠感：培育提升教育者兴趣素养

最近，一些调查披露的教师幸福指数下降，以及一些地方教师的“失兴趣病”和职业倦息的倾向，进一步表明当前加强教育兴趣的重要性和紧迫性。研究教育者教育兴趣的重要性、教育者兴趣素养以及如何培养教师兴趣素养，对增进教师职业幸福和培养学生幸福人生具有重要的意义。

一、教育兴趣：教师幸福的源泉

确立正确的职业幸福观，关键要关注与培育教师的职业兴趣。我们认为，教育是别有乐趣的事业，教师的教书育人工作需要兴趣来支撑幸福。教师要做教育的“兴趣人”，首先认识教师的职业特点以及影响教师职业兴趣发生、发展的因素。

（一）教育是别有乐趣的事业

我们知道，教师是育人的职业，同时也是职业倦怠的高危人群。如何消除或降低教师的职业倦怠，进而培养教师的教育兴趣呢？

教师的职业本身和社会对教师职业标准的高期待，使教师自身的优势和美德呈现出与其他行业不同的特点。通过分析，这些优势与教师的职业倦怠感呈显著的负相关。这些优势和美德包括创造性、好奇心、爱学习、智慧、勇气、感恩、信念等，拥有这些美德越多，教师的职业倦怠感越低。教师如果有生活目标，能够自主调节和控制自己的工作，对自己接纳，对他人信任、感恩和宽恕，能降低教师的职业倦怠感。

要帮助教师走出职业倦怠期，让教师享受职业的幸福感，有必要从重新认识教师的职业特性，增强教师的教育兴趣开始。

教师的教育教学活动是通过知识学习而培养人的社会活动，是一种特殊的“人与人”的活动，具有双重性的特点。首先，教师是教育教学活动的组织者、实施者和管理者，教师的对象是学生和知识。学生是接受知识和被教育的客体，知识是教师教授和学生学习的重要载体，两者既统一又分离。其次，教师的主要任务是教书育人，教师职业具有用知识培养人和用人格教育人的双重性。再次，教师知识素养具有知识结构上的双学科性，教师不仅需要精通所任教的学科，还必须掌握如何教好学科的经验。最后，教师职业的双重性还体现在教师既是知识的传授者，又是知识的学习者和研究者。

（二）教育工作需要兴趣来支撑

教师职业的双重性，决定了教师兴趣的双重性。教师不但要对教育学生充满兴趣，而且要对所任教的学科也充满兴趣。教师要自觉养成对教育的兴趣，与教育事业毫无功利地融为一体，既给教师主动行为提供内在的动力，又给学生带来愉快或快乐的情绪体验。

首先，兴趣是教师热爱教育、热爱学生的一个支撑点。教育是一项培养人的事业，特别需要爱与爱的共鸣、心与心的呼唤。让教育充满爱，让教学充满爱，让学生充满爱，首先教师要充满爱。人们常说，没有爱就没有教育。教育之爱滋润教育之趣，教育之趣支撑教育之爱，二者相辅相成。

其次，教育兴趣是教师走向快乐幸福的重要基础。一个人的成功源于他对事业的兴趣和热爱。从教育伦理学视角看，追求快乐和幸福是人生的目的、教育的目的，也是教师职业道德构建的出发点。兴趣和满足总可以给人带来快乐，持久的职业兴趣和满足必然会带来生命的充实和生活的幸福。教师既要自觉地把教育人、培养人当作自己的神圣使命，把教育当作崇高事业，把教师当作高尚的职业来看待，又要自觉地把立德树人、为国育才作为自己最喜欢的事业，把任教学科作为自己最感兴趣的专业，以兴趣和热爱之情之力来支撑事业，全身心投入教育这项幸福的事业。

再次，教育兴趣是影响学生学习兴趣的关键因素。瑞士教育家裴斯泰洛齐认为：儿童学习兴趣的缺乏或确立，主要是由教师及其教育方式造成的。因此，教师是培养学生学习兴趣的第一责任人。老师有多喜欢学生，学生便会多喜欢老师；老师有多厌倦教学，学生就有多讨厌学习。一个教师的悲哀莫过于学生对你所教的学科没有兴趣，而教师最大的悲哀莫过于把一个对这门学科有兴趣的学生弄得没兴趣。事实证明，很多学生之所以对某一门学科感兴趣，甚至最终走上了专业研究的道路，多数情况下是受某一位教师的感染、启发和鼓励而促成的。

二、教育者兴趣素养的养成

教师教育兴趣的形成过程也是好教师品格养成的过程。有学者认为，在好教师的诸多品格中，教师对教育的兴趣品质是特别的情感要素。因此，从教育可持续发展和教育幸福的角度，我们决不应该忽视对教师教育兴趣的培养。

（一）教育者的兴趣素养

通过以上论述和分析得知，教育者的兴趣素养与现行教育学提出的教师的一般素养并不矛盾。既然教育者兴趣素养对教师幸福和学生兴趣培养如此重要，那么教育者应具备哪些兴趣素养呢？

我们认为，一名优秀的教育者，要对从事的事业充满兴趣，要热爱学生和关心学生发展，要痴迷于任教学科并对它抱有浓厚的兴趣，要具有广泛的兴趣、爱好，要有教育研究的兴趣等兴趣素养。

（二）教育兴趣的培养

教育者对教育的兴趣不是天生就有的，而是教育者在社会条件、自身能力和社会活动交互作用中形成和发展的。既然兴趣是可以后天培养，那么教育者对教育的兴趣也可通过外力促成。梁启超认为，“凡职业都是有趣味的，只要你继续做下去，趣味自然会发生”。教育趣味的培养也是一样的道理。

很多研究者提出了一些培养教师职业兴趣的方法，如经常和学生交流沟通；善于学习和借鉴他人经验，体验教育获得感，学校对教师个体的理解和尊重，又比如“用心感知教学产生教学兴趣，用专业知识保障教学兴趣，热爱学生激发教学兴趣，用责任感唤醒教学兴趣，富有激情提高教学兴趣”①；等等。我们需要注意的是，影响兴趣的因素是多方面的，所以，让教师具有教育的兴趣是一项复杂的系统工程。从学校管理者角度来看，要注意五个关键环节：一是加强师范生教育兴趣的培养；二是把好教师入口关，使更加优秀的人才从事教师行业；三是加强在岗教师教育兴趣的培养工作；四是劝退确实不喜欢教育工作和教师职业的人员；五是引导教师的业余生活和爱好。总之，要采取一系列行之有效的方法，努力确保每一个在岗教师都有教育的兴趣。

综上所述，如果所有的教育工作者都具有浓厚的教育兴趣，并在内心深处真正爱上了教育教学工作，那么，教师职业的尊严和快乐必定会伴随其终生，教师职业的幸福必定会伴随生活的方方面面，教育事业也必将充满生机，我们的教育梦想也一定会实现。

① 张育梅．关于教师的教学兴趣之我见［J］．中国科技创新导报，2012（4）．

第二节　保持激情，成就优秀教师

职业激情也是教师专业情意的有机构成，激情是教师全身心的投入和忘我的人生境界，是教师敬业精神之魂。教师有了激情就拥有积极向上的精神状态，就有了满腔热情的教学态度；教师有了激情，就会自始至终爱他的职业，爱他的学生，也会一如既往地追寻教育的理想，义无反顾地面对工作的压力、人生的挫折。所以一个教师什么都可以没有，但绝对不能没有激情。一个敬业的教师，首先应该是一个充满激情的教师；一个优秀的教师，应该是一个激情四射的教师。

人的激情，可以帮助管理者消除教师的抵制情绪，帮助他们建立一种氛围，确保其认知学习或计划在融洽的氛围中进行。因此，维护教师的职业激情，对成就优秀教师并保证其教学效能，促进教师在这些过程中享受职业幸福，具有十分重要的意义。

一、优质教学是充满激情的事业

随着时代的发展，学校与社会、家长与教师以及教育系统内部之间的关系也发生了巨大的变化，教师的职业定位、教育行为与自身效能等也受到了前所未有的挑战。

从现实情况来看，价值、素质、知识与技能都是优秀教师必需的条件。一方面，素质是教师的智力需求，能使教师的专业知识与教学体系得到完善与提升；另一方面，优秀教师应该对教学、学生和学习都拥有激情，而优质高效的课堂教学更需要智力与情感两方面的投入。研究表明，激情是一个教师拥有的基本素质，也是教师具备的性格特征。教师一旦拥有了激情，就能产生一种积极向上的力量。从这个意义上说，激情确实是教学的关键。

马克思曾说过：激情、热情是人强烈追求自己对象的本质力量。对教师而言，情感在身份的建构中能起到关键的作用。教师的内在价值、素质与目标是构成优秀教师激情的基础，其中关爱与勇气、道德目的、希望与乐观、敬业精神、不屈不挠、情感认同、与学生的友谊关系、继续学习与发展，这八个组成部分是富有激情而有效率的教师所需要的品质特征。

二、富有激情教师的内在素质

一项调查表明，学生心目中优秀教师的标准是：教师拥有使每个人都成功的强烈愿望，并在课堂上通过互动，与学生热情、耐心的交流，维护他们的自尊等，帮助他们获得成功。然而，在课堂上，至今也仍然存在不与学生沟通，甚至羞辱、讽刺等现象。学生们普遍认为，那些冷漠、傲慢的教师，是造成他们成绩不好的原因之一。优秀的教师不仅知道如何和学生谈话，也懂得如何聆听，让学生重拾自信。

1. 关爱与勇气

有学者认为："诚实、关爱、公平与实践智慧是教师应具备的几种主要美德，而且勇气是教学中不可或缺的一种美德，是一个人在困境或逆境中勇往直前的品质。"如果一个教师在教学上只是照本宣科，或者他的教风就是习惯于压制情感的表达，那么他教学的创新性以及自我发挥性就没有太多的空间。在当前注重结果的大环境下，教师需要关爱班里的每一位学生，既包括那些能力强的，也包括能力差的，既有对课程感兴趣的，也有对课程不感兴趣的。甚至对班级里调皮的学生，教师既要温和又要鼓励他们，笃信自己的道德目标并为之努力。

教育工作是一种积极信仰，教师要相信每位学生都能够通过自身努力，通过家校沟通配合，在学业成绩上产生积极的影响。在这个过程中，乐观的心态对成功所起的作用与天赋、激励同样重要。

2. 情感认同

情感在教师个人与职业生涯中处于中心位置，教师往往对情感有着非常深的体会。优秀的教师能从工作中获得尊重，获得自我以及职业上的满足感。教师保持在处理情感张力时的敏感性，有助于自我保护和享受工作的乐趣。

有学者认为："在积极情感状态下所获得的个人知识会非常持久，要长于使个人获得认知的瞬间情感状态，而且积极的情感有助于心理适应力的提升，有助于人们应对逆境。当缺少积极的情感时，人们会感觉处处不顺，会失去一定程度上的行为自由并可能遭受到情感上的痛苦。但当人们有着饱满的积极情感时，就摆脱了烦恼，变得非常有创造性，而且也变得非常达观。”同样，教师的职业身份与个人身份之间也有着密切的关联，因为教学需要大量的情感投入。

三、保持激情，促进教学效能的持续提升

教师所担负的责任与工作中的满足感、道德感、激励感、身份感相关联，甚至深度影响着学生的流动性以及学生在校的成就和对学校的态度。因此，教师的责任承担影响着教师的教学效能。

1. 教师的敬业精神与教学成效之间有着极为明显的关系

教师的工作大致可以分为三种取向，即为了工作而工作、为了职业而工作和为了事业而工作。如果一个教师的工作是为了获得报酬，那么教学对他而言只是一种谋生的手段；如果把教师视为一种职业，则要求有更大的个人投入。当教师很难再有晋升机会，职业倦怠日益强烈的时候，就会寻求其他方面的满足。因此，对教师而言，敬业精神、热爱教学是选拔的主要标准。

对将教育看作是一份事业的教师，其工作本身是一种充满激情的承诺，工作就是为了工作，而不是仅仅为了金钱或是地位。在他们心中，工作的过程比工作结果更有意义。即使没有很高的薪酬，没有晋升机会，工作仍会继续。

2. 让教师保持持久的敬业精神

激情是教师敬业之魂，教师需要充满激情地从事教学。如何使教师个人在职业生涯的低潮期仍然保持敬业精神？

有学者认为，学校领导的领导力是创造教学环境与保持教师教学功效的关键因素，因为领导是影响教师的工作效率、敬业精神与教学成效的关键因素。学校领导班子对培养与支持教师的能力发展起着积极的作用，对教师的动机与敬业精神有着重要的正面或负面作用。因此，学校领导的首要任务，就是创造

良好的工作条件，满足教师在教学活动中的基本要求，切实减轻教师的工作负担，增强教师工作的灵活性，保证教师教学状态和良好的职业发展状态。

第三节　名师之“名”：卓越而幸福

每个时代总会有一些杰出的优秀教师成为教师群体中的领军人物，引领教育发展的时代潮流和趋势。名师之“名”，“名”在何处？名师之“名”的秘密到底又在哪里？笔者反复、深入研究发现，名师之“名”，用个性而优质、卓越而幸福来形容，是最贴切不过了。

分析名师成长轨迹和规律发现，这些优秀教师无一例外地把职业幸福看作是育人理想得以实现的心理体验。作为名师，其学科知识、教学能力、管理水平、思想修养等综合素质好，既会教学，又会研究，还擅长写作。同时，名师的成长是一个不断进行自我修炼的过程。他们都是在一定的教育环境下，经过个体在长期扎实的教育教学实践中自觉学习，不断思考，进行充满个性的教育创造，有突出的成就，具有鲜明的教学风格。他们既保持自己的教学个性，又实现着优质教学；既努力追求卓越，又不断享受教书育人的幸福。我们从他们身上得出了一个结论，这就是：真正的名师，卓越与幸福同等重要。

一、名师的定义及特质

随着时代的变迁，社会赋予名师更加丰富的内涵，具有令人敬重的专业人格和力求完美的特质，是一个综合素质的化身，往往都具有丰富的知识和深厚的学养，在教育教学过程中呈现出独特的思想，用充满智慧的甘露浇灌学生的智慧。

（一）何谓名师

顾名思义，名师就是知名度高的教师。广义的名师是社会上影响广泛并拥有较多追随者和较高知名度的教育杰出人才。狭义的名师特指教育界人才的精英，教育工作者的杰出代表，教育理论的创立者和教育实践的带头人。我们认为，名师是指拥有鲜明的教学主张、显著的改革成果、丰富的教学经验，优异的教学质量、精深的专业知识的卓越教师。名师是在社会有广泛影响，并拥有一定的知名度和追随者，是一个动态的、不断发展的教师群体。

名师首先应该是人师，必须真正地植根于教育沃土，活跃在教育教学第一线，为学生的发展服务，为教育教学而努力，所以“名师是指在一定时空范围内自然而然形成的，具有一定的知名度、认可度、美誉度、影响度和突出成就的专业素养较高的富有创造性的优秀教师”①。

在教育逐步走向现代化的新时期，社会呼唤教育，教育呼唤名师，学生渴望名师。学生在名师的教导下，可以提高自己的学习效率，发展自己的爱好特长，形成自己的人生理想，明确自己的发展方向；学校在名师的带动下，可以扩大学校的美誉，提高学校的知名度，提高学校的教育教学质量。

名师示范引领是教育质量提升的唯一战略选择，愈演愈烈的“择校风”反映出的问题，其实质就是选择名师。社会的发展对教师提出了更高的要求，若要造就高素质的国民，则必须要有一支高素质的名师队伍，特别是要有一支高素质的基础教育的教师队伍。

（二）名师的特质

教师境界是教师的基本属性，是教师教书育人的精神生活过程所达到的心灵境地，是一种心灵存在状态。拥有不同教育价值追求的教师，他们的人生境界必然也不同，也必然呈现出不同的教师特质。那么，与一般教师相比，名师具有的特质是什么？

1. 稳定而持久的职业理想

人生需要理想，没有理想的人生，就像一艘没有航标的船只，会迷失自己的方向。教育需要理想，教师的职业理想深深影响着教师对未来的憧憬和努力的方向，是教师教育教学工作的内在动力。一名教师追求的理想境界越高，越能做出一流的业绩，取得最佳的成效，培养出具有更高理想境界的学生，自

① 王毓珣．名师概念及特征辨析 [J]. 天津市教科院学报，2005（4）．

己也才能成为真正的名师。一名优秀教师的教育理想一旦形成，他们便拥有了前进的强大动力，在教育教学道路上越走越宽，并最终成长为一名名师。

志存高远对一位名师的成长极为重要，在几十年的教师生涯中，名师始终用远大的教育理想不断地要求自己，通过教育活动实现自己与学生的发展，不断战胜自己的弱点和缺点，不断超越自我，在教育教学工作中取得许多优秀成果，在促使学生得到发展的同时，也实现了自己的发展。

2. 强烈的自我发展意识

不甘平庸、追求卓越，是名师普遍追求的境界。名师之所以能够紧跟时代发展要求，头脑里始终有新的想法，课堂上始终有新的气象，源于他们具有追求自我发展的强烈意识，能够坚持不懈自觉地学习。于永正老师力图把自己在实践过程中形成的教育实践智慧转化成明确的知识，在不断地写作思考中，找到教育创新和超越自我的新视角。

在专业发展过程中具有追求自我发展的强烈意识的名师会重新审视自己，定位自己，不断地反思自己的教学，并且建构出自己的教育理论与实践体系。具有追求自我发展的强烈意识的名师会对事业的追求执着不渝，充分相信自己的能力，敢于向困难挑战，经得起挫折的磨难和成功的考验，不断对自己的教育教学提出新的目标，进行自我挑战，对教育教学永葆恒久的热情，创造出自己卓越的职业人生。

3. 诲人不倦的治学境界

名师视教育为人生一大乐事，全身心投入，并甘愿为之辛苦付出，孜孜以求，追求更高的治学境界，他们习惯把每一次教学作为思考的对象，在问题的探寻中重新认识自己的生命价值，重新认识教学的价值取向与实施方式。

名师总会把课堂作为研究现场，研究教材，并整合教材，研究学生求知的需要，基于学情不断地查找自己教学的不足，在比较中分析，在分析中反思，在反思中锤炼，在锤炼中感悟，在感悟中成长，最后积识成智，在不断地探索中取得进步。全国教书育人楷模、语文特级教师于漪在教学上从来不重复自己，即使是同一篇课文，每上完一节课，于漪老师也会反复打磨改进。面对如潮好评，于漪老师却说：“我上了一辈子课，教了一辈子语文，但还是上了一辈子深感遗憾的课。”从于漪老师的话语中，可以看到于漪老师对自己治学的严谨。

纵观这些名师，他们对教育的执着和着迷，源于深植其人生的、重要的生命内容——对教育发自内心深处的浓浓的爱。这种爱促使他们严谨治学，诲人不倦，总是奉献自己的才华，把知识、技能通过教育的媒介，无私地奉献给下一代，欣赏学生一点一滴的变化，付出过程中的幸福感受也不断充盈，为学生的幸福成长而心动，这时，教师内心的幸福也是满满的。

二、名师成长规律

教育进入现代化，名师应当与时俱进，研究教育理论、探索教育经验、变革教育实践、引领教师发展，这样才能实现自身的可持续发展，成为师德的表率、育人的模范、教学的楷模、科研的能手，成为学生最崇拜、家长最放心、同行最佩服、社会最敬重的名师。今天的名师具有哪些特征呢？又有如何的成长规律呢？

（一）名师的特征

高尚的教育情操、先进的教育思想、独到的教育手段、卓越的教育业绩是名师的主要特征。

1. 先进的教育理念是名师之魂

名师之所以能成为名师，正是他们能够在传统与现代的交汇点上确立自己先进的教育理念，并用先进的教育理念提升自己的专业素养。情境教学的创始人李吉林老师潜心探索，创设了“情境教学法”、“情境教学论”和“情境教育论”，发展成为旨在促进儿童生命整体发展的教育理论体系，完整的教育思想令中国教育界瞩目。

2. 博学广识是名师之根本

名师是其专业领域的权威或学科带头人。教师的教学专业知识建立在广博的文化知识修养的基础上，来自教师个人教学实践的智慧，是教师专业知识发展的核心。所以系统精深的专业知识是指名师不仅能了如指掌地了解本专业的知识，掌握所教学科的基本理论，而且还广泛涉猎其他领域的重要知识，尤其是新兴学科、交叉学科、边缘学科。只有这样，才会具有深厚的文化积淀，才能成为学生思想的引领者，用自己的学识、人格潜移默化地影响学生，同时活化新知，积淀学识，去追溯源头活水，使自己拥有源源不断的“长流水”，培养善于终身学习的新一代。

3. 艺术的教学风格是名师之特色

艺术风格是教学的境界，是名师教学上区别于其他教师独具特色的特征。名师的教学风格艺术具有以下特点：（1）诱发创新思维的艺术性。名师在教学过程中能借助情境诱发学生的创新思维，具有独特性和稳定性的教学个性特点与审美风格，是一个教师成熟的标志，充满艺术的感染力。（2）教学设计的创新性。名师的教学风格具有“人无我有，人有我优，人优我精”的独特个性，彰显着名师的创造性思维。（3）教学效果的高效性。与很多教师相比，名师的工作成效显著并具有比较高的地位，这是因为名师的课堂充盈着多维、开放、灵活、生动的动态生成，其驾驭课堂如行云流水，焕发着生命的光彩。

4. 鲜明的教学主张是名师之品牌

所谓教学主张是教师在教学实践的基础上产生的，蕴含着教师的理想、信念、情感、意志等，包含什么是教学、为什么教学以及如何开展教学等方面的见解和认识，是教师个人对教学经验的理性升华和总体认识，是“这一名师”而非“彼一名师”的重要区别。[①] 所以鲜明的教学主张是名师的品牌，从整体上表现了其理性思考的深度和教学理想追求的高度。这是因为：教学主张是名师思想和智慧的结晶，教学主张体现于教学行为，教学主张引领教师专业发展。名师在成长中经过长期的历练和专业发展的深化，把握教育创新的契机，开发自身生命的活力，在聚实践智慧中深化教学主张，为教学理论的丰富和教学实践的改革作出应有的贡献，终获得来自学生的心灵慰藉，享受了教育教学的快乐，将过程中积蓄的能量化为教师持续发展的动力，促使名师最终走向成功。

① 李建军．教学主张：教师专业发展的内在维度 [J]. 教育科学研究，2009（1）.

（二）名师成长的规律

名师具有不断追求超越、创新意识和自主创造等品质，是其所处时代的教学实践水平的引领者和代表者。研究名师成长的阶段，我们会发现，名师的成长是一个动态的持续生成的过程，每一阶段都是名师不断加强自我学习、加强教学实践、加强经验积累的过程。他们会随着教育形势的发展不断更新教育观念，调整教育信念，完善知识架构，提高教学技能，从而满足教育的需要，满足自身阶段发展的需要。尽管每位名师的成长历程有所不同，但是分析不同的名师在不同时期的发展，我们会发现名师成长阶段有很多共性的规律。

1. 萌芽期——关键性教育事件的影响

萌芽期是名师发展的摇篮，也是名师理想的萌芽时期。教师入职后，在指导老师的引领下，初步学听课、说课与上课，在实践中借鉴、模仿与探索，逐步适应教学要求，这时教师与教学工作初步磨合，成长为一名合格教师。在此过程中，部分教师往往受到某一特殊因素的影响，这些特殊因素就是唤起教师觉醒的关键教育事件，萌发了教师执着追求教育理想的心理倾向，于是走上了通往名师的道路。

美国学者帕尔默曾说过："没有灵魂的首肯，任何外部的导师和学科都不会产生影响。任何真正可信的教学要求最终是来自教师内心的呼唤。"一堂成功的公开课，一场优质课比赛，一份专家的精彩报告，一个失败的教学案例，一本触人灵魂的教育专著等都有可能触动教师的心灵，从而启迪教师的思维，引发教师的思考。回顾名师的成长历程，很多名师总会想起一些铭刻在心的事件，而这些铭刻在心的事件总会引起教师内心情感的起伏，激起思维的碰撞，激发教师强烈的自我发展的欲望。

这些关键性的特殊因素促使教师重新审视自己的教育思想、教育观念，触动教师灵魂深处的隐性教育观念，从而促使教师了解生命的价值，继而引起教师教学行为上的转变，在教学实践中对课程标准、教材、教学策略、学生现状、学生行为跟进等进行深度思考，促使教师追求一种智慧的生存方式，促进了教师的专业发展。

2. 发展期——敬业乐业的融合

在入职初期，绝大多数教师缺乏教学的个性，侧重于熟悉教材、探究教法的实践之中。教学中期，大部分教师教学经验日趋丰富，教学技能日渐娴熟，角色定位逐渐清晰，职业情感趋于稳定，教学效果显著，已成为家长心目中的好教师，在学生心中也拥有较高的威信。当然，发展到这一阶段的教师会因为各种各样的原因出现职业倦怠，失去了自己专业发展的动力。而有着名师理想的教师到了这个阶段能够独立进行教学设计，寻找突出重点、突破难点的教学策略，初步注意到课堂教学语言的艺术性、教学组织的灵活性，课堂教学已明显呈现个性特色，追求最佳教学效果，逐步形成独特的教学风格。

3. 瓶颈期——高原期现状的突破

名师在专业发展过程中一般都能自主突破专业发展的高原期。从心理学视角审视，当人的知识技能提升到一定的程度之后，再要有所提高就比较困难，这时往往会出现一段成长趋缓、保持原有水平甚至倒退的时期，即“能力高原期”。名师发展也受到这一规律的影响。

作为资深教师，已经熟悉了教育教学的过程，基本的教学基调也已经形成，也会经历停滞不前的高原期，我们也称之为教师发展的瓶颈期。瓶颈期几乎是成功教师在专业发展道路上的必由阶段。瓶颈期是一段心智成熟的过程，能否度过区分着“普通教师”和“优秀教师”的阶段，这就需要教师重新审视自己，定位自己，寻找跨越瓶颈的支点，提升自己的专业发展的动力。

每个教师在寻找自己的跨越点时，敢于怀疑，从先进的教育理念和自己教育行为的差距中不断反思，同时敢于给自己加压，不断地向自己提出挑战性的目标，扬长避短，选准自己的突破口，寻找到自己的跨越点，挖掘自己的潜力，以提升自己。

4. 专家期——展示个性化教学风采

名师发展到专家期，已经从教育教学中领略到了它的真谛，掌握了高超的教学技巧，体验到了教学的乐趣，享受到教育的幸福。

专家期的名师开始重视总结经验，提炼精华，开创了自己特色的研究方向和领域。科研与学术含量越来越高，著书立说，成名成家，走上了个性化的教育科学研究之路，实现了从教学能手到教学专家的跨越提升。专家期名师的特点是，具有创新精神和能力，能够总结提炼出个人的教育教学观点和理论，教学模式个性化突出，有着丰富的教育教学科研成果，且已推广并有了一定的影响。处于这一阶段的教师，已经完成了从普通教师到学者型教师的蜕变，他们以自己的学科特点为基础，运用个人独特的教学思想或教育理念，形成了个性化的实践操作体系，创造出完整的教学思想理论体系和教学风格。为使科研成果转化成生产力，名师开始讲学、举行示范课或推广教学经验，指导青年教师，开办实验学校，宣传自己的教学理念，展示自己的教学风格，产生极大的社会效益。

从魏书生、于漪、邱学华等教育名家的发展历程可以看出，名师的成长之路是平凡的，又是充满奋斗的，他们品行高洁、热爱学生，有着自己教育教学独特的见解。他们虚怀若谷的道德品质、执着追求的学术精神，让我们领悟到了名师成功的人生智慧，他们的思想与行为促进了教育的发展，在教育发展史上留下永不磨灭的影响。

三、名师的最高境界——教学风格的形成与发展

教师是最重要、最根本的教育资源，一名教师从优秀教师成长为名师，无论是对个人还是社会都有重大意义，所以名师作为一种优质的教育资源，是学校优质教育的象征，决定着一所学校教育教学活动的得失与成败，影响着学生的健康成长。名师价值实现的过程，也是名师教学个性彰显、教学主张传播、教学风格形成的过程，同时也是名师的幸福感充溢名师生活的过程。研究名师教学风格的形成与发展，就是在“寻找属于名师自己的句子”，从而探寻名师的最高教育境界追求。

（一）教学风格及其特点

1. 何谓教学风格

所谓教学风格，是教师个人学识、情感、潜能、心理品质及个性在教学

活动中的外在表现，是不同的教师在教学活动中所表现出来的与众不同的个性特征。我们所说的教学风格，主要是指名师在长期的教学艺术实践探索中逐步形成、在教学活动中所表现出来的与众不同的稳定的教学风貌及独具一格的特征，是教师的教育思想、个性特点、教育技巧在教学活动中的外在表现。

2. 教学风格的特征

教学风格最重要的特征是教学的智慧美、艺术美。教学风格是名师追求教育的最高境界。教学风格是名师的“名”之所在，也是一个教师区别于其他教师的重要标志。

（1）教学风格充满智慧性、艺术性。教学本身就是一项创造性的活动，充满智慧性和艺术性。名师智慧的教学风格，用自己的教学理念、教学思想来支配教学，他们更多的是尊重学生的见解，把学生引入到一个思维训练的磁场里，让学生去说、去评、去悟，教书与育人紧密结合，让教育充满严谨、亲切、善诱、幽默、机智、浑厚，激起学生学习的欲望，调动学生的参与热情，使课堂成为最有魅力的地方，学生与教师之间如同干涸的荒野遇到甘霖，体现了师生之间的心灵交融，汇流而成生命的润泽，这就是教学风格的艺术魅力。

（2）教学风格具有独创性。凡是艺术都有独创性，如同这个世界没有两片完全相同的树叶一样，也没有两个教学风格完全一样的教师。每位教师对教学都具有独特性，即便面对同一班学生，讲授同一节课，运用同一种教法，不同的教师呈现出来的课堂肯定是各具风采，甚至是风格迥异的。

（二）教学风格的形成

教学风格是教师在长期教学实践中逐步形成的。教师从入门到成熟，最后形成个性的教学风格，是一个长期而艰苦的探索过程，而其教学观点、教学技巧和教学作风随着教师的教学经历而不断地丰富完善，逐步走向成熟，进而形成自己的教学艺术风格。

1. 入格——看山是山，看水是水

这是形成个人教学风格的起点模拟阶段。所谓“师法其上，得乎其中”，所以模拟阶段要选择卓有成效的、与自己教学个性潜质相一致的教学风格作为模仿的对象，可以模仿对自己有影响的教育名家，也可以模仿身边富有特色的本土名师，学习他们的教态、教学语言、课堂板书等，博采众长，汇聚他们教学中最亮的教学色彩，用心领悟其教育真谛，结合个人的素质特点给自己“量体裁衣”，从“形似”到“神似”慢慢升华。有人说教学风格是不可模仿的，而事实证明，教学风格是有一个模仿过程的，并非独创一蹴而就的。钱梦龙老师就是对余温教学中流行的讲派进行批判借鉴，终于形成了自己“三主”“四式”语文导读法。

2. 立格——看山不是山，看水不是水

这是形成自我教学特色的提高阶段。当模仿名师达到一定的程度后，就可经过自己的思考和探索，按自己的教学思路创造性地处理教材，并根据教学内容和学生的接受能力，恰当灵活地运用教学方法，形成了一些教学特色。这时要对自己进行自我形象审视监控：在学生心目中的定位如何，与自己理想的教学境界还有哪些差距，还有哪些教学潜质能够得到挖掘，以完成对自我的超越。

3. 破格——看山还是山，看水还是水

这是教学艺术自成一格的阶段。这时候教师的教学风格经过多年的打磨历练，已渐趋成熟，带上了浓重的个人教学色彩，教学内容和教学方式完美结合，形成自己的教学特色，闪烁着创造之花，使教学真正成为教书育人的艺术，师生共处于知识学习的幸福享受之中。这标志着教师已成为一名成熟的教学艺术家，成为具有独特教学风格的教学艺术家，这是一名教师追逐名师之路的毕生追求。

教学风格形成的每个阶段不是有着清晰界限的，每个发展阶段虽然都有着各自鲜明的特点，但又是紧密联系的。每一个阶段都是前一个阶段的发展，又是后一个阶段的开始。分析每一个阶段我们可以发现，形成教学风格的过程中，模仿性越来越弱，而个人的独创性却愈加分明，最后形成自己的教学风格。纵观其发展过程其实是教师持之以恒，不断探索、锤炼和追求的结果，从而形成稳定而独具一格的特质。

（三）名师教学风格的锤炼

学者李如密认为：教学风格是指教师在长期教学实践中逐步形成的、富有成效的一贯的教学观点、教学技巧和教学作风的独特结合和表现，是教学艺术个性化的稳定状态的标志。[①] 名师正是如此，凭着对教育执着的信念，不懈追求，以勇于进取、敢于创新的精神从普通的一线教师中脱颖而出，独树一帜，独成一格，成为教师群体发展的领头雁。

1. 提升人格魅力

人格是一个人在自然环境和社会环境中形成的精神状态，是一个人意志、品质和行为方式的集中体现。法国启蒙运动时期的博物学家、文学家布封认为"风格却是本人"，因此，研究风格必须研究人格。教师的人格魅力是教师个人修养和综合素质的外在表现，对推动学生的心灵来说是无价的。教师的人格魅力具有强大的感召力和凝聚力，让学生自然地产生了对教师的仰慕之情，"亲其师，信其道"，心甘情愿地接受教师的教育。教师人格的核心是爱学生，引领学生的人生追求。形成崇高的教师人格需要教师在教育生活中对工作有颗敬业心，对学生有颗慈爱心、公平心、宽容心，对事业有颗进取心，才能不断学习，克服自己的职业倦怠，在修炼人格的过程中去努力提炼和形成风格。这样教师人格的完善和崇高，则会展现在教学风格的风貌上。

2. 积淀教育思想

教学思想不是空中楼阁，从积淀起步，思想才会有落脚的土壤，才能孕育启动。所以"博观而约取，厚积而薄发"，广博的见闻、厚实的积蓄才会形成触类旁通的敏感思维，才会厚积薄发。这就需要教师平时留心观察，在观察中学会追问，比较理性的思考教育教学工作，有自己独立的见解，"不跪着教书"，知道自己在做什么，也知道自己为什么这么做。然后在思考中积淀，用心实践，不唯上，不唯众，不照本宣科。而包蕴着思想的实践，才能真正成为教学的积累，才会有教育主张的独到，这样才能成为一个"实践着的思考者"

① 李如密．教学风格的内涵及载体 [J]. 上海教育科研，2002（4）.

和“思考着的实践者”。如孙双金主张情智共生使语文学习有一个质的飞跃，认为情感与智慧是学生学习语文、提高素养的两个密码，因此他的课堂追求学生情智共生，情智和谐发展，以丰富学生的情感，灵动学生的智慧。

3. 发扬个性特长

教师在教学工作中必须注意到自己的个性特征，在追寻教学艺术风格探索路上，从自己的实际出发，认真分析自身的知识背景和知识结构，分析自身的教学经验和教学特色，从改革教学方法入手，把个性因素渗透到教学活动中，扬己所长，独辟蹊径，边实践边丰富自己的个性特点与风格倾向，发挥优势，并加以总结和提炼。因此，教师必须了解自我，了解异于别人的性格特点、能力系统、思维品质、个性倾向等。通过教学方法的独特运用、表达方式的独特设计展现自己教学的特色和智慧，把自己的个性和教学统一起来，使两者达到融合发挥、和谐发展，从而追求和形成自己的教学风格，做到教学上的收放自如。

四、名师及其教育思想

成为一代名师并不是一蹴而就的，需要不断总结经验、淬炼思想。笔者研究分析了几位名师的教学理论，以飨读者。

（一）李吉林与情境教学理论

情境教学理论是李吉林老师 1978 年创立的，发端于语文学科，后拓展至各学科教学，继而运用于学校教育教学的各个领域，共分为情境教学、情境教育、情境课程和情境学习四个研究阶段。情境教育以促进儿童充分发展为宗旨，汲取中国古代“意境说”的理论滋养，突出“真、美、情、思”四大元素，以“儿童—知识—社会”三个维度作为内核，择美构境，以情启智，把情感活动与认知活动紧密结合，让学生在优化的情境中学、思、行、冶，在涵养学生的德行、启迪学生的悟性、舒展学生的灵性等方面取得了卓越的成效，得到了社会各界的广泛认可。

（二）邱学华与尝试教学理论

邱学华提出的尝试教学理论的基本观点是“学生能尝试、尝试能成功、成功能创新”，特征是“先试后导、先练后讲”。教学程序分“准备练习、出示尝试题、自学课本、尝试练习、学生讨论、教师讲解、二次尝试练习”七步。

（三）魏书生与六步教学法

魏书生将德国赫尔巴特的“四段论”和苏联教育家凯洛夫的“五环节”结合，提出了“六步教学法”，即定向、自学、讨论、答疑、自测、自结。“六步教学法”的基本课堂教学结构是不变的，都有建立信息（第一步）—处理信息（第二、第三、第四步）—反馈信息（第五、第六步），可以根据教学内容进行变式。

（四）吴正宪与孩子们喜欢的数学

吴正宪老师提出构建“孩子们喜欢的数学课堂”。

1. 教好数学基础

与时俱进地看待基础知识和基本技能，为基础知识、基本技能定好位、打好庄，并能根据知识的内在联系，将数学知识连成知识网，形成立体的知识链接，避免对数学知识认识的肤浅化、形式化。

2. 教出数学味道

让学生在观察、实验、猜测、验证、推理与交流的教学活动中，有机会真正经历“数学化”，获得数学思想和方法。

3. 教出数学品味

将漫长悠久的历史、璀璨的数学文化、著名数学家的名人趣事、古代数学名题作为滋养学生数学学科素养的丰富素材适时地渗透在教学中。

4. 教出数学境界

数学是科学的，科学讲求实事求是。教学中将求真、求实、诚实、守信的教育浸润其中。

5. 教出人文精神

全面了解学生，尊重学生差异，懂得因材施教。

（五）凌云志和他的极简信息化教学

凌云志博士是湖南师范大学的教师，国内教育信息化的顶端专家。笔者作为一名信息科技教师，在经历了若干年的课堂教学研究和课程开发实践之后，受学科特点以及学科地位影响，对专业进阶之路出现了前所未有的迷茫，不知该何去何从。一次在沂蒙名师建设工程人选培训上的偶然邂逅凌志云老师，解开了笔者多年多专业发展的困惑，重新找到了个人发展的方向。他的极简信息化教学理念，如同茫茫大海上的指路明灯，令笔者茅塞顿开。极简信息化教学以易学、有趣、实用为特征，倡导听得懂、学得会、用得上、干得好。这种培训课程的教学理念，完全可以嫁接到信息科技教学中，与大单元教学、项目化学习、跨学科的主题学习结合运用，让信息科技的学习变得更加有趣、实用、简单。

古往今来，成功的教育家无一不是在教育教学实践中探索教育规律，在学习研究中绽放生命，在李吉林、于漪、丁有宽、邱学华等老一辈名师的成功足迹里，新一代名师窦桂梅、韩兴娥、程红兵、孙双金等超越者的成长历程中，都能找到他们立足长远、勤于实践、不辞辛苦的印记。他们把教育教学当成了自我发展的舞台，不会单调地重复着昨天的故事，在每天的教学中，在与学生的互动交往中追求卓越，面对一个又一个问题，取得一个又一个突破，实现一次又一次超越，在由优秀走向卓越中体验到教育幸福与人生快乐。

第八章

幸福学校：通达幸福的桥梁

——中小学推动教师专业发展案例剖析

学校教育的作用就是提供一个促进自我发展的良好环境。学校应该帮助学生理解他是什么样的人，适合做什么，根据他的性格和他自己的才能，充分激发他的潜能，满足他的心理需要，达到他能达到的最高发展状态，即使他达到自我实现的境界。

——北京师范大学教授 肖川

教师的发展自觉和自主发展是教师可持续发展的动力，也是教师获得终身幸福的源泉。但是，对教师的专业发展来讲，良好的外部环境与条件，也是非常重要的。很多学校在制定发展规划时，善于把教师生涯规划纳入其中，有利于教师的特色发展、自觉发展和专业发展，有利于实现自身的职业幸福。这些学校在让师生幸福成长的同时，不断实现学校的优质可持续发展，凝聚形成特色教育品牌。

第一节　在个性优质教育中升华幸福品质

——以初中阶段 A 学校为例

培养学生健全的人格，先要有教师的人格健全和职业幸福，这对教育发展和人才培养意义非凡。基于此，A 校长和他带领的课改团队在探索这样一条课改道路：通过教师的个性展示，实施优质教学，引导学生个性成长；通过教师专业发展和心理研究的视角，通过专业伦理的引导、专业技能的提升、专业成就的体验，不断改进教师的心理过程、改善教师的个性心理，优化教师的个性心理特征，引导教师个性舒展地生活在教育教学生活之中，不断创生教师的职业幸福和幸福生活。

一、把教师引入专业幸福

近年来，A 校经过多年的改革、探索，获得了迅猛发展，特别是在办学规模、办学设施等方面取得很大进步的基础上，以质量、精细、特色、创新为核心的学校内涵发展蒸蒸日上。但是，面对不断调整改革的教育现实，如何引导新课改走向深入呢？应该选择什么样的路径把教师引入专业，不断提升教师的专业智慧，找到教师的心理安全和幸福源泉呢？

A 校人认识到，教师的教学个性与风格是教师获得教育成功和职业幸福的源泉之一。因为只有充分尊重教师的教学个性和特长，才能让教师有更多的施展智慧和才华的幸福体验和主动机会，有积极创新的职业伦理和创新热情。同样，教师也只有探索自己在课堂教学中的独特风格与个性，才能够吸引学生持久学习的注意力，激发学生长久的成就动机与学习热情。当“教师即课程”成为共识的时候，他们需要探讨什么样的教师才是他们所需要的课程。因此，开展富有教师教学个性的高效课堂建设，就成为提升教师专业智慧和职业幸福的重要举措和有力抓手，积极深入推进新课改、深化素质教育、追求教育理想、将以人为本的理念落实到课堂教学中的生动实践。

二、专业素养：教师幸福的基石

个性优质课堂的建设，本质是追求教学过程中各要素的自然协调、和谐共生。这就需要教师重新定位自己的角色，不断提升自己的专业素养，获得成就与成功，不断提升自己的幸福指数。正如 A 校长所希望的那样：把创造力还给教师，让教师成为智慧的源泉；把精神生命发展主动权还给师生，让学校充满勃勃生机，让学生享受成长快乐，让教师享受专业生活和职业幸福。

1. 明了教师角色，奠基专业素养

A 校为了更加有效地让新的教育理念走进教师的大脑，引领课堂教学，促进学生发展，积极采取措施更新教师的教育观念。第一步是将有关理念原理观点和基本认识整理成文，下发了两期《教师发展手册》，将教育理论、个人发展目标、课题研究方案等集结成一书。第二步是抓内化，重点抓教学反思，努力改变过去教学札记假、大、空的局面，要求教师从小处入手，真正自我反思，改进习惯，形成自己的教学智慧。第三步是结合个性高效课堂的推进，深入实际地不断地推出一批研究课，坚持一丝不苟地进行说课、听课、验证效果、评课等系列活动。第四步是广泛实施案例研究。将散落在教学过程中精彩瞬间的流星串联在一起，成为促进和体现教师专业发展的粒粒珍珠。他们结合学校实际，提出了“344 教学策略”。

2. 树立正确意识，确立发展路径

A 校人认为，个性优质课堂是一个生态系统，需要将知识、技能、方法、原理、

情感、态度、兴趣、习惯、责任等要素有机结合在学生学习过程中，使学生实现由学识到学养、由学习到生活的跨越。由此，他们认为教学活动首先是教师的个体劳动。“一个出色的教师，从某种意义上讲，就是他的个性被张扬到了极致。”这种状态中的教师一定是幸福的，他的学生也一定是张扬且幸福的。因此，学校更多地给予教师自由创造的空间，让每一名教师更充分地把自己的生活阅历、知识储备、教学智慧等等体现生命个性烙印的元素，融入课堂教学的创造之中。他们敏锐地发现了教师专业发展的最优化路径，沿着“确立理念—建构思想—培养习惯—制定策略—设计流程—形成方法”的路径丰富专业素养，提升实践智慧，进而走向人师、大师。

3. 推进个性课堂，创新管理制度

个性优质课堂的建设核心是“344 教学策略”的提炼、理解和使用。他们把学习、理解、实践“344 教学策略”作为五年规划中最重要的任务。在教师个性化理解和实践的基础上，经过组内选拔、年级推荐，每年 5 月份和 11 月份举行个性优质课堂评比活动，至今已连续举办了四届个性优质课堂教学和两届精品课例展示评比活动。在个性优质课堂建设过程中，学校鼓励教师针对不同的情况灵活运用“344 教学策略”，在不同的教授内容和不同的学习班级中有所变换，从而形成一系列适合学生发展需求、契合教师个性特点的模式群。

学校发展遵循 “体制和谐—教师发展—各学科协同—学科发展—个性化教师”的路子。这就要求学校在发展的过程中不断修改制度，使之与学校事业的发展匹配和协调，实现了学校管理从控制到解放，从管理到服务，从用人工作到用工作育人，从勤奋优先到效率为上等方面的转变。青年教师的成长对学校可持续发展，对个性优质课堂的扎实开展，都有极其重要的作用。因此，对青年教师尤其是新教师，始终坚持少一点关卡，多一点关怀，少一点批评，多一点帮助，少一点评估，多一点引领的管理方式，把表现机会更多地给予他们，彰显成果，鼓励进步。

三、专业成就：教师幸福的源泉

经过短短几年的努力，A 校发展驶上了快车道。具体表现在以下几个方面。

1. 课堂功能质变，自我效能增强

经过一段时间的努力，学校课堂关注的重心，已经由关注知识的掌握情况转向了关注掌握知识的人，即不是物化的教学目标、知识达成或教学成绩的利益实现，摒弃了那种“见物不见人的（鲁洁语）”匠师追求。体现了优质高效课堂的本质：追求教学过程中教学各要素的协调、和谐，强调师生通过心灵的对接、意见的沟通、思维的碰撞，实现学生的高效学习、自主发展。经过专业提升，教师的专业成就明显提高，多数教师通过增强自我效能信念中的积极因素有效地促进了心理健康水平，逐渐积累了成就感，最终体验到了成功感，逐渐体验到了安全感和较高的自我效能感，增强了专业自信和幸福感。

正如优秀数学老师张老师所言：“寒冷十月，冰封不了我们驿动的心，瑟瑟冷风阻挡不了我们追梦的脚步。在脚踏实地的拼搏与期盼中又迎来了第二届个性优质课堂，我有幸在这样庄严隆重的场合与大家分享我的所思所想。作为 A 校教师我无比自豪，我感恩学校为我们所有教师提供一个专业化成长的宽广平台。通过活动，我首先明确了数学教师和数学教育的使命，认识到数学课堂应追思数学规律、探求数学原理，更要从教育的高度善待数学教学。因为教学如果远离了学生鲜活的生活世界，怎能走进他们的内心世界？别让眼前利益蒙蔽了我们的双眼，淹没了教育的真谛，教育才是我们教学的归宿。”

2. 职业倦怠缓解，学校整体提升

教师职业倦怠是指教师不能顺利应对工作压力时的一种极端反应，是教师伴随长时期压力体验下而产生的情感态度和行为的衰竭状态。经过学校引导和研究实践，现在大部分教师已经吸纳了“胸中有梦、身上有情、手中有书、眼中有事、工作有心、生活有色”。很多老师走到哪里，就把欢笑和快乐带到哪里，给家人、亲人、同事、朋友、学生乃至路人带来愉悦。他们努力让自己的生活提升到“工作再忙心不忙，生活再苦心不累”的幸福境界。

正如青年语文老师王老师感言："首先，我心中理想的语文课堂应该是自由的、和谐的，是让学生感到快乐的。所以，在我们的课堂上，一定要鼓励每一个勇于起来回答问题的学生，不管他回答得好不好，最起码他在思考，他敢于发表自己的见解。其次，语文老师一定要让学生爱上阅读。学生喜爱阅读，对阅读产生浓浓的兴趣，是一件幸福的事情。最后，语文老师一定要有一个'法宝'，语文老师本身就应该是一本不可或缺的教材。'语文教学是一个快乐的旅程'。"

经过多年的努力，A 校教学质量稳居全市前茅，教师的幸福感和自我效能感明显增强，职业倦怠得到一定程度的缓解。如"基于教师专业发展的个性优质课堂探索"获山东省基础教育教学成果一等奖。先后有《追求卓越》《离真正的教育近些、再近些》等专著和论文出版或发表。学校先后荣获山东省教书育人先进单位等荣誉称号。借用 A 校长的话说：这些成就的取得，既展示了教师的职业幸福，也进一步增强了教师的幸福感。

第二节　在和谐育人中共享教育幸福

——以九年一贯制 B 学校为例

"学校的责任不仅在于使每个学生都确立为社会、为他人、为自我创造幸福的信念，获得为世界、为人类创造幸福的能力，而且还应使每个学生在学生时代享受生活的幸福，体验生活幸福，进而使他们热爱生活，关注时代，向往明天，奉献社会。使每个学生都成为人类的希望所在、社会的灵感所在、创造的星火所在、幸福的价值所在、美好的标志所在。"①

大家都知道，把孩子养育成人是一件喜事、乐事、幸福事。可教育孩子又是一件苦恼的事，许多父母费尽心血，孩子总不如自己的理想。当今的家长

① 袁炳飞．让师生都成为幸福生活的人 [J]. 人民教育，2004（21）.

有两大困惑：一是看不懂“现在的孩子怎么啦”，二是不知道“现在的家长怎么办”。老师也倍感大多是独生子女的学生难管、难教、难沟通，特别是问题学生更让家长、老师伤透了脑筋。而许多学生也觉得苦恼：为什么怎么努力也不能让家长和老师放心、满意。基于以上问题的思考，B校对和谐育人进行了卓有成效的探索尝试。学校联合教师、学生、家长三方开发了德育校本课程《德育管理与瞭望》，成为学生、家长、老师交流的平台，展示自我的舞台。在家长与学生、学生与老师、老师与家长间架起相互交流的桥梁，三位一体在和谐共育中共享幸福的教育。

一、 走进学生，实现“一体育人”

老师走近学生。老师从距离上走近学生，改变以往居高临下的权威心态，走下讲台与学生多沟通、交流，成为他们同伴中的首席。

家长走近学生。引导家长在距离上从高高在上走到孩子身边与孩子平等地沟通、交流，成为孩子的大朋友。学校鼓励家长各抒己见，把自己走近孩子的感受写成交流材料，择优在《德育管理与瞭望》上刊登，年终将依此评选优秀家长，让家长体验到教育中的快乐与幸福。

家长走进学生。让家长从忙于工作、挣钱到多抽出时间与老师交流，多了解孩子；抽点时间多看点有关教育的书刊，给自己充充电，多获取教育孩子的信息知识，增加自己的知识的储备，融入“走进与倾听的活动”中，与老师探讨、与孩子交流。学校创设诸如以下交流主题——

一至二年级：“我在孩子与老师之间”或“家长是孩子的第一任老师”。

三年级：“谈谈如何培养孩子的自理能力”或“让孩子学会做家务”。

四至六年级：“‘戴着放大镜’找孩子的优点”、“当孩子的虚拟的同桌”或“当孩子的大朋友”。

七年级：“谈对孩子良好习惯的培养”或“当孩子的大朋友”。

八年级：“如何帮助孩子度过叛逆期”或“当孩子的虚拟的同桌”。

九年级：“指导孩子如何交友”或“做孩子的心理医生”。

老师走进学生 。师生间开展“心灵的对话”活动。每位学生设立“心灵的对话”本，把自己内心的苦闷、烦恼、困惑、认识上的不足写在上面，向老师倾诉，老师及时给予点拨、回应，对发现的个别问题及时面谈，在彼此的沟通中，全面地了解学生、准确地把握教育的方向。“心灵的对话”成了学生心灵的港湾、调整自己心绪的驿站。

这样，以此为话题，各抒己见，写成交流材料，如手稿、电子稿（每学期收到手稿几千篇，电子稿一千余篇）。凡是刊登在《德育管理与瞭望》上的交流材料，学校免费赠予此期刊物。此举也极大地调动了广大教师、家长的参与积极性，使教师与家长在体验教育的快乐中，享受到育人的幸福。

二、阳光心态每一天，春华秋实每一年

班主任在家庭、学校、学生中扮有主要角色，一个优秀的班主任就能管理出一个好班级，B 校班主任坚持“打铁还须自身硬”的理念，一直走在“强师能”的路上：针对主题班会如何开，晨夕会怎样讲，难管的学生怎么管，怎样做到管和理的结合等问题，每个人都是研究者、实践者。

在做中学，在做中引导学生去体验感悟；变教育的告知式为知、情、意、行的培养过程，培养良好的行为习惯，避免把学生当成知识的容器、考试的机器，导致政治思想得分高，却对做好人、做善事缺乏基本体验和感情。工作中，坚持与学生进行心灵的对话，走进学生心灵的世界，在家长的认可中、学生的认同中体现自我价值，阳光心态每一天，春华秋实每一年，从中享受工作的幸福。

让学生从小学会生活、学会学习，养成良好的习惯，使其终身受益，是教育的本真。但现实中，不少小学生系鞋带都由父母包办，这样培养出来的学生势必成了生活中的“低能儿”，让学生体验爱、生发感恩的情感，才是有效的教育。在德育实践中，学校按照“近、小、实、活”原则，坚持“小一点”，从小事抓起，把小事抓好、以小见大，即为德育；“近一点”，让德育贴近学生的生活实际、回归生活；“实一点”，即德育生活化、寓德育于生活化的活动中；“活一点”，让德育形式丰富多彩，学生在多样化的生命体验中能感受生活的幸福。

三、实施多元评价，让人人享受育人幸福

近年来，学校坚持评价标准的多元化，通过多元的奖项激励，丰富评价标准，为学生搭建发挥潜能取得成功的平台，让每个学生都能享受到摘到桃子的幸福。

1. 丰富评价标准，把尝试成功的权力还给学生。学校不以分数和是否听话为标准来确立“好生”“差生”，善于发现每个学生的长处，容许差异，鼓励冒尖。在评价中，坚持多把尺子衡量，把单项评价与全面评价相结合，定性评价与定量评价相结合，过程评价与结果评价相结合。评价班级时，设立诸如“班容建设特色班级”等多种奖项；在评价学生时，设立“尊师标兵”“办报能手”等多项荣誉，加强形成性评价，让每位学生“跳一跳”能摘到桃子，使其享受成功的快乐。为督促学生养成教育的主动性，自我教育的积极性，培养学生的竞争意识。在班级与班级之间开展常规管理达标竞赛活动，通过设立“样板教室”“文明班级”“自主管理先进班级”等奖项把竞争机制引入班级管理，增强学生的集体观念，通过设立“纪律标兵”“卫生标兵”“最佳值周班长”“阅读大王”等荣誉，把竞争机制引入学生中间，使其你有我优，人人都能享受成功。

2. 变评优为审优，人人享受成功。学生根据奖项的标准，联系自身的实际，申请奖项（数量不限）：先给予信任及荣誉，满足学生渴望尊重、自我实现的需要。班级设立“个人成长记录袋”，把每位学生的申请奖项表放在记录袋中，记录袋将是学生为每项奖励努力的过程材料汇集处，根据过程材料进行阶段性或终结性的评价，若经阶段审核达到申优项目标准，可授予荣誉，达不到标准取消荣誉，下一阶段可继续申请，实行申优目标、审核奖项的动态管理。每当学生达成了自己申请的目标或有了进步，受到老师的肯定与表扬，他们感到无比的自豪。

3. 构建多元动态的团体评价标准，把创新的权利还给学生。先进班集体

的奖项设置也应是多元的，设立多种班集体奖项。学校制定出各奖项的评价标准，各班级发动全班学生分析班级优势，分析是否有能力获得某种或某几种荣誉称号，在班级之间形成竞争格局，各自会在不同方面做到你有我优，向学校提出申请后，经学校阶段或期末审核后，决定取消或授予该荣誉称号。这样，有效避免了评优只取前几名，其他班级皆无名的现象。在管理中要避免竞争的负面作用，对学生人格健康的发展，要在竞争的同时大力倡导班级间、小组间、同学间的分工与合作，倡导“一组连动”“荣辱共荣”让那些学习困难、品行有缺陷的学生均能在与他人的合作中领略成功的喜悦，逐渐培养一种乐于竞争，善于合作的健康人格。

4. 坚持评价方式的多样性，让每个学生都有成功的幸福体验。一是即兴评价，好风劲吹。运用好即兴评语，对学生的闪光处即时给予肯定。如，课堂使用诸如“你的想法连我也没想到，有创意”、“你的朗读很出色，既流利，又充满感情”等，作业批改中使用类似“解题思路，妙”、“只是计算结果出差错，再仔细一点，一定能做对”等，这些评语要言不烦，既条分缕析，又溢满赞美之情。二是用“心”评价，注重评语的科学性、艺术性。操行评语，是老师对学生思想品德、学业成绩等各方面发展变化情况的评价，是与家长横向沟通的必要途径。教师要把操行评语看作一面镜子，写评语做到：善于发现每位学生的个性，树立“一个学生一本书 ”的观念，善于抓住特点，以小见大，避免“众人一面、千人一词”；对学生来说，是一副“药方”， 能使他回顾、反思自身的优点和不足，激发内在动力，自觉地以更大努力获取更大成功。

5. 坚持评价的发展性，让每个学生获得可持续成长的希望。（1）“授之以渔”，使学生学会自评、正确对待评价。让每位学生撰写“我眼中的我”“同伴心目中的我”“家长眼中的我”“老师眼中的我”，这样跳出自己的圈子看自己，参照评价标准，审查自我目标的达成度，多角度地映像出现实中的“我”，与此同时，对自己成长记录袋中的内容进行评价和反思，把反思的过程看作是自我认识水平的提高过程，是自我体验的升华。（2）“横看成岭侧成峰”，学会评价他人。引导学生评价他人时，带有一种学习、分享他人成果渴求的心态，把评价他人的过程看成一个对比、分析、鉴赏的过程，树立“一位同学一本书”的观念，评价优点实事求是，评价不足应客观公正。评价他人，不是为给他下一个什么样的结论，鉴别其优劣，而是从差异的分析中去帮助其判断不足，使其明晰以后发展的方向，最终达到博采众家之长为“我”所用，是“水涨船高”而不是“水落石出”，最终实现评价的双赢。

教育很简单，幸福其实也很简单。B校坚持开放办学，在教师、家长、学生和管理者“四位一体”的和谐育人中共享人生的幸福。这里的教师家长与时俱进，与学生一起成长，不断反思，学会倾听，彼此倾听对方的声音，倾听自己的回音，家庭的教育之路就能与快乐幸福相伴；而学校的管理者、教师变“管、盯、压”为“教、扶、放”，以疏导为主，以表扬、激励为主，营造良好的师生关系，实现着“四主体”和谐育人。每当看到学生的成人、成长、成功和成才之时，家长、教师、管理者由衷地感受到内心的喜悦和自豪，他们都会因此感受到育人带来的幸福感，都会从中体味到教育的成功，都会在享受成功中感受到育人、育己和成人达己带来的愉悦与幸福。

第三节　让教师享受成长的幸福

——以初中阶段C学校为例

走进C校的大门，一个载有校长寄语的宣传版面格外引人注目：教育是发现，让学生发现自己，我思故我在；教育是实现，让学生实现自己，我行故我知；教育是超越，让学生超越自己，我创故我新；教育是回归，让学生回归自己，我思故我行。从这短短的几句话，我们可以读出C校人朴素的教育情怀。

一、教师幸福，在于自我生命的完满提升

学校是一个有生命力的组织。学校存在的根本任务就是实现师生生命的完满成长。如果“不能实现人的真正的成长，学校就失去了存在的意义”，

C 校长经常这样说。“学生需要成长，教师同样也需要成长。”以前，学校过多地重视教学的专业化，忽视了教师的德育专业化，“教师只管教书不管育人，只会教学不懂德育”。课堂机械重复、单调乏味，缺乏有生命低语的生活，能有什么教育幸福可言？

为将“立德树人”这一根本任务落实到方方面面，学校成立了两个中心：一是教育管理中心，全面负责教学和德育工作；二是成立了质量管理中心，负责对学校各科室的各种教育工作进行评价，实行教、管、评的分离，实现教育效益的最大化。“通过这样的改革，原来的业务教干不再是满脸威颜的干部了，他们成了和我们老师命运相关的共同体，真正实现了团队协作，抱团发展。”于老师高兴地说。“通过这样的改革，业务教干真正成了学校带头人，他们的主要任务是引领学科组业务的发展，教师教学水平的提高，他们只是引领者，不再是评价者，这样更容易发挥教师工作的积极性和创造性。业务教干提出的工作要求，老师们也更容易接受，真正把教干和教师捆绑在了一起。”教育管理中心主任说。

而这种变革，使得每一位教师都充分认识到自己是一切教育的主人，是学科团队的主人，是学校的主人！

初中阶段的学生，其人生观、价值观尚未成熟，也是形成正确价值观的关键时期。“一个人如果知识出现断层，可以用时间来补偿；要是做人或价值观出现了断层，就是用一生的时间也难以弥补。”C 校长深深地认识到这一点。他认为，学校要抓住一切机会，加强对学生的理想信念、价值观教育。“离开生活的教育，是空洞的教育；缺乏体验的教学没有生气；缺失了创造的教育，毫无意义。”C 校人把生活体验教育引入校园，为每个学生尽可能多地提供自主体验、自主创造的平台和机会，促进着他们的主动健康成长。

二、课堂，师生共享生命成长的舞台

教师的专业自豪感是教师幸福感的重要源泉。C 校立足课堂，把课堂当作引领教师专业成长的重要平台。课堂就是师生人生的舞台，师生在课堂生活得如何，就是他们的人生状态如何。C 校长经常跟老师们说：“每一个学生都是天生的学习者，都有自己的学习权力。如何改进师生的课堂生活状态、提升学校生活质量，实现每位学生的学习权，成为教改的一项重大议题。”

为实现每一个学生的学习权，C 校人勇敢地与传统同步教学较劲。他们发挥小组合作学习的优势，将活动（作业）、小组合作、分享表达三个关键元素引入课堂，在前期课改成功的基础上，决定对“活动·自主”课堂进行深度建构。学校将小组合作机制引入课堂、引入管理，提出了“以学为本、主动成长”的教学理念，探索运用以组织、活动、评价为要素的小组合作教学策略，形成“三化五自”课堂教学模式。“三化五自”教学模式强调“三化”，即教学主题化、课堂生活化、知识问题化；“五自”强调学校的管、教、评要以学为本，以学生成长为主体，针对学生成长中需要解决的实际问题，实施目标自主、内容自主、时空自主、方法自主、评价自主，因学定教，以学论教，实现每一个学生的学习权。每个班级，小组内、小组之间师生相互“合作—倾听—分享”，共享合作学习创造带来的快乐，实现了课堂教学文化品位的全面提升。教师获得了从未有过的内在尊严感和荣誉感，获得了持续发展的动力之源。

三、改变教师的价值追求，从“悦读”开始

如何深度推进“生命·实践”教育，凸显学校办学特色，让教师特色成为学校特色和学生个性发展的支撑?

C 校在全市率先组建成立“教师发展学苑”，作为教师群体专业发展的支撑平台。C 校借助这个平台，努力实现教师价值追求的改变。

“改变教师，应首先改变教师的价值追求，关键是吸引教师走上阅读之路。”C 校长回忆说，在他个人成长中，有四个人物及其思想对他产生了关键的影响：叶澜的新基础教育理论，陶行知的教育思想，苏霍姆林斯基的经典理论，陶继新的人文教育思想。他为自己定制了一道作业，那就是：每天坚持读这四位大家的著作至少 50 页，至少撰写 1500 字的反思或随笔。校长的带头唤起教师读书的热情，夯实教师的学术底色，为改革提供强有力的专业支撑。

C校建立了师生"悦读"分享制度。每到节日放假前，学校举行一次读书"悦读"分享活动。每位师生都要展出自己的读书成果。通过朗诵、诗歌、故事、报告等多种形式，营造浓厚的书香氛围，使全体师生徜徉在浓郁的书香、诗韵之中，享受阅读带给人生的启迪和人格的滋养。

一年一度的主题"悦读"活动，让每位教师从中享受读书带来的幸福，享受着读书带来的实惠。读书即成长，读书即生活。老师们通过"读经典、夯实学术底色"活动，有力地促进了教育观念的更新，让老师们从生命自觉的高度不断审视自己的课堂，使课堂有了更高的文化品位。

如今，读书成了白老师的生活常态。在第八届读书节上，她被推荐为区读书名师。借助读书得来的智慧，这位有12年教龄的语文老师，平时把"同伴互动点评"贯穿课堂教学始终。她的课堂都用学生的姓名来命名学习小组，在小伙伴之间、组间、组内的相互点评时，他们往往会为一个问题争得面红耳赤。同学之间、师生之间的点评，彼此之间摩擦出了思想的火花，锻炼了学生大胆表达、积极思考的能力，也培养了学生的批判精神，师生间分享到了因合作带来的快乐。

C校人在和谐发展的轨道上，善待教育的每一细节，时刻把师生成长记心间，坚守"做有故事的教育，办有温度的学校"信念，让教育每一细节充盈着生机与活力，让教育人充溢着生命成长的气息，在"生命·实践"教育实验路上越走越远。

第九章

幸福教师的现实素描

——22 位中小学优秀教师的专业成长案例剖析

要有生活目标，一辈子的目标，一段时间的目标，一个阶段的目标，一年的目标，一个月的目标，一个星期的目标，一天的目标，一个小时的目标，一分钟的目标。

——俄国作家 列夫·托尔斯泰

成长是一个过程，一个由茫然、无序到清醒、自信的过程；成长是一种态度，一种幸福、向上、坚定的姿态；成长是一种能力，一种运筹帷幄、自我更新的能力。

如何实现教师专业成长，或者说如何重构教师角色和形象，准确地说没有固定的模式和套路，但其中也存在着一些共同性的特征。我们关于教师专业成长的研究始于2012年，十多年来，我们梳理了众多名家关于教师专业发展的观点，持续追踪了三十多位教师的专业发展轨迹，这些教师涉及高中、初中、小学和幼儿园各个学段，为本书的有关研究理论及主张进行了充分的实践与验证。我们选取了其中部分教师作为研究对象，由他们自己开展对个人教育生涯的叙事研究，形成了初步的研究成果。期间，两位教师被评为正高级教师，十位教师被评为齐鲁名师名班主任、沂蒙名师名班主任、市教学能手，多数教师正行走在通往幸福教育的康庄大道上……

了解这些教师成长过程中的共性，可以让我们明了当今为师之道，知晓教师何以由懵懂到优秀，由优秀到卓越。

第一节　把握命运的脉搏

幸福教师一定得有成为名师的梦想。在专业发展的道路上，他们有超于世俗的教育情怀，有不畏艰辛的敬业精神，有对所爱事业的全身心投入。他们有着敏锐的嗅感，擅长打破常规，他们不仅不会错过机会，还会主动创造机会，将命运的脉搏牢牢把控在自己手中。

案例1　以“悦读共同体”推动读书 迈向美好人生新境界

苗成彦，中学语文正高级教师，1988年参加工作，山东省科研名师，临沂市社会科学入库专家，临沂市社会科学突出贡献奖获得者。出版《追寻真正的教育》《美好教育之道》等著作11部，发表论文100余篇，在《人民教育》等发表新闻作品60余篇；主持市级以上课题15项，连续3届获山东省基础教育教学成果奖一等奖3次。

苗成彦从小就热爱读书、喜欢读书，把读书作为最好的休闲方式、生活方式和工作方式，因而读书也成为他进步的重要途径。走上教学岗位后，他阅读了大量教育、文学、哲学、社会、经济等方面的书籍。

进入教育管理岗位后，苗成彦以兴趣驱动、工作驱动、课题驱动、成果驱动“四轮驱动”方式选择主题读书，将读书生活不断引向深入，凝练形成了“四轮驱动”主题引领、“悦读共同体”推动读书主张，凝聚了一批跨领域、跨阶层的读书团队，为基础教育创新发展和人才培养做出了突出贡献。

因为功利而超越功利，用心品尝读书带来的幸福快乐

从1997年5月开始，苗成彦开始大量地、全身心地读书。那时，苗成彦的读书是带着功利性质的——满足职称评聘的需要。

这年暑假，苗成彦向图书管理员要来钥匙，一头扎进阅览室，只要与教育有关的报纸、杂志，他就拼命地阅读、广泛地吸收。不顾夏日的炎热和蚊虫的叮咬，整个暑假都是在图书馆里度过。功利心驱使，他从学习拟定题目入手，研究文章的篇章结构、语言特点，并且给自己选了几个论文题目，确定了目标指引，有针对性地选择书目。读着读着，灵感上来了，最后确立了一个题目，这就是“学校规模办学探索”。聚焦阅读思考，苗成彦用了将近两年时间，终于写成了一篇论文并发表在《中国职业技术教育》杂志上。

当时，苗成彦在学校负责教科室工作。这篇文章发表后，引起了校长的高度关注。校长告诉他：“你善于写作，读书又多，不能光顾自己发展。你

应带领我们学校老师这个团队共同读书。学校成立一个读书组织，你来牵头，发挥好带头作用，把教师的整体素质提升起来。”

读书学习小组成立了。不过，团队读书漫无目的，没有什么主题，全凭自己的兴趣，许多老师借口工作繁忙，读书大多流于形式。

期间，苗成彦一直坚持读书，如饥似渴地阅读各类书籍，尽最大努力扩大自己的知识面，不断丰富、充实和提高自己。在坚持不懈的阅读中，他已经超越了功利，尝到了思考人生的快乐，收获了阅读带来的幸福感。

积极提炼读书主张，不断拓展读书生活圈

2001年6月，苗成彦申报了一项学校道德教育研究课题，获得县教育局教科室批准立项。这是他有生以来，以道德教育为主题的教学研究，由此也开启了“主题引领，团队读书”的序幕。

在道德教育研究这个课题统筹下，苗成彦带领课题组的5位成员大量搜集阅读学校道德教育方面的文献，提炼精华，交流心得。其间，他购买了15本有关著作，如《德育新论》《学校道德教育原理》《德育美学观》等。随着读书活动的不断推进，他给团队起了一个名字——“悦读共同体”，还对推动读书总结了一个典型做法：“问题导向、主题引领、项目推进，以研究的方式对待工作，以读书的方式开展研究。”

从那时起，苗成彦以同样的方式，先后主持承担科研课题20项，课题研究涉及学校德育、语文教学、生涯规划、评价改革、特色学校建设、创造力培养、教师队伍建设等。依托课题研究，他组建了20多个学习共同体、读书共同体、研究共同体。参与共同体活动的成员，有六十多人成长为齐鲁名师、特级教师、名校长和专家。

2010年，苗成彦进一步提炼和总结推动读书的做法和经验，将其概括为：“四轮驱动”主题引领，“悦读共同体”推动读书的主张，其具体内涵为：立足成长需求和问题解决，通过“四轮驱动”方式确定读书主题，有针对性组建读书共同体；遵循“问题导向、主题引领、项目推进、效果评估”全链条闭环式开展读书研究活动；每个读书主题活动，都要研制“目标—实施—评估”推动读书方案，依据方案整体推动读书；当一个主题结束后，再进行下一个主题的读书和问题解决，逐个主题有序推进。

在读书主张引领和“悦读共同体”中，每个读书主题的确立都是聚焦问题解决，知识范围涉及古今中外，跨时空、跨领域、跨阶层，进而形成一个大的主题系统；每个主题系统都由许多专题组成，每个专题也要组建不同类型的读书共同体，或大或小，或多或少，有名师工作室、学科教研组等。这些不同类型的“悦读共同体”，按照兴趣驱动、工作驱动、课题驱动、成果驱动等方式，以专题滚动式推动“共读、共研、共写”活动。每位成员都按照读书主题要求，有针对性地选择、购买并阅读图书，写出读书心得，参与“悦读共同体”读书交流活动。

读书推动读书，促进了个人和团队的成长，推动了工作和事业的发展，读书成为团结人、凝聚人、发展人的重要方式。苗成彦构建的“悦读共同体”不但是学习共同体、成长共同体，更成为思想共同体、命运共同体，为未来学习型组织建设提供了可资借鉴的范式。

生命因读书而更美丽，事业因读书而更辉煌

苗成彦倡导的“悦读共同体”有一个特点，就是率性而为、志同道合、民主自由、一荣俱荣，并且随着时间、地点和工作任务需求的变化而变化。“悦读共同体”结构是松散的，但彼此之间的价值认同、相互敬重是第一位的。同时，团队读书还有一个特点，那就是与时俱进，紧跟党和国家大政方针，密切关注国家的发展大形势，同时与个人成长需求、爱好兴趣、工作需要密切结合。这样，不仅提高了自身素质，增强了工作效率，提升了工作品质，而且扩大了影响力。

2012 年 9 月，苗成彦被调到罗庄区教育局工作。他先是从“做幸福教师”为主题，与公彦利等 6 位老师一起阅读《教师幸福论》和《做一个幸福教师》，此后读书一直不曾间断。10 年来，他带领全区 6000 多名教师开展读书活动，

组建形成了40多个“悦读共同体”。

2013年4月，罗庄区启动读书节活动，利用读书节组建形成不同级别、不同类型的“悦读共同体”，同时利用暑假在学生中间开展“读书好时光”活动，带领教师读书，带动学生读书，牵动家长读书。小手牵大手，形成无数个以家庭为单位的“书香共同体”，每个家庭“书香共同体”带动社区开展读书活动。每年4月开展全区范围内的书香校园、书香家庭、书香社区评选活动，评选读书明星、读书名师等先进人物，一届接着一届循环往复，螺旋式上升，逐步形成一个区域读书共同体。营造了良好的读书氛围，“学在罗庄”的教育品牌逐渐形成。

2015年到2018年，苗成彦到临沂市教育局工作。他协助领导负责教育部“临沂实验区”项目研究，集中确立了课程领导力、校本课程、深度学习、评价改革、问题德育、特色学校建设等15个实验项目，与之对应组建成立了15个跨区域、跨领域、跨界别的“悦读共同体”，有力地推动了全市教师素质的提升和教育改革的发展。

“悦读共同体”还在持续推进，很多学校围绕教育哲学、课程建设、文化建设、教师培训等方面组建形成了为数众多的“悦读共同体”，在共同的读书与研究中，促进了区域和学校教育的高质量。

让读书与成长合拍，让思想与文明同步

社会是不断进步的，人类文明也是不断向前的，人的思想也随之不断向前发展。2018年以来，苗成彦的阅读视野越来越宽广。苗成彦带领刘克军等同志一起开启了马克思哲学思想的深度探索之路。大家购买了50多本马克思主义理论著作，如《马克思主义哲学思想研究》《马克思主义中国化的新进展》《马克思主义中国化研究》等，聚焦“人的全面发展”理论进行专题研究。

随着时代发展的需要，“悦读共同体”成员阅读的领域越来越宽广。在以前发展基础上，阅读扩展到了超常教育、英才教育、家庭教育、拔尖创新人才培养教育、特色教育等新的领域，开始寻找不同的县区、不同的学校、不同

的个人和团体进行需求推动式的阅读研究。

从教30多年，苗成彦选择购买的图书有30个大类、3万多册，涉及教育、文学、哲学、经济、人才、文化等多个领域；组建形成了60多个不同类型的读书、学习、研究团体。通过“四轮驱动”“悦读共同体”推动读书，助推团队成员的共同发展进步，因读书而受益的地域范围有县区部门以及全国各地，逐渐向外辐射。

案例2　全息成长，让教育生活幸福而完整

公彦利，男，初中信息科技高级教师，2003年参加工作，先后获得山东省教书育人楷模、山东省教学能手、临沂市优秀教师、沂蒙名师建设工程人选、临沂市十大杰出青年提名等荣誉称号。作为市、区名师工作室主持人，先后参与研究市级以上规划（教研）课题10项，发表论文10余篇，参与编写专著、教材10余套，7项成果获省、市教科研成果奖。

在多年的教育教学工作中，公彦利老师坚持有温度、重创造的教学思想，主张“以学为中心”的教学设计，提出“任务串联”和“技术文化融合渗透”的教学主张，努力使信息科技成为一门有深度、有温度、有文化的学科课程。作为一名学科骨干，以市、区名师工作室为载体，先后指导20多名青年教师在区级及以上优质课、优课比赛中获奖，指导40多位教师开展教学研究并顺利结题，指导60余位教师发表论文或参与书籍编写，指导学生竞赛获奖200多人次，工作室先后有12项成果获教育部、省、市奖项。

立足课堂，做教学改进的引领者

从不知所措到教学名师。每一位名师的成长起点都是从课堂改进开始的。2006年，临沂市教研室着手构建各学段课堂教学模式，在全市推行“三五X”教学策略，这时候急需典型引领。当这一重担落在公彦利肩上时，他顿时感觉到了压力。这是全市信息技术学科的第一次尝试，没有成型的案例可以参照，也没有成功的经验可以学习。他迎难而上，反复研读、揣摩“三五五”教学策略，

并将其中的理念融合渗透到课堂教学中，在市、区教研员的指导下经过多轮磨课、改进，以一节高效实用的市级公开课，诠释了“情感育人、文化育人、评价育人”贯穿教学始终的正确打开方式，拉开了“三五五”课堂教学改革探索的序幕。他的相关教学案例被收录于明天出版社《优质课堂：初中课堂教学策略研究》一书，在全市推广。

当老师们逐渐熟悉、认可、接受这一策略后，公彦利又开始了新的研究课题。他明白，一个好老师要一切为了学生、有自己的思考、不断取得突破，一节好课要让学生听得懂、学生有兴趣、学生有发展。本着这种不断超越的精神，几年后，他和所在教研团队提出了“自主·互助”教学范式，倡导以“情境导入、引出任务—自主探究、组内交流—互助学习、共同提高—实践创作、展示评价—梳理总结、拓展延伸”为范式的自能高效课堂教学策略。这一策略更加关注自主学习与合作学习的关系，杜绝了课堂上的“假自主”和“假合作”现象，实现了信息技术课堂有效教学策略的迭代升级。该策略被收录于明天出版社自能高效课堂建设丛书《自能高效课堂的学科范式构建》一书。

从关注知识到关注育人。2017 年，教育部印发《中小学德育工作指南》后，他敏锐地捕捉了其中的关键元素，又一次开始了对教育初心的叩问。“作为教师，不能只关注知识教育，更应该关注人的教育，要做到眼中有人，关注孩子们的生命成长。”这既是教育的初心，也是他从事教师这个行业的初衷。他根据实践总结了“任务串联”教学模式，并积极在教学中尝试技术性和文化性融合的教学策略，致力推动信息技术课堂成为一门有知识深度、有文化温度的智慧课堂。该项目立项为山东省教学研究课题，并获临沂市教育科学优秀成果奖一等奖。他主张的“以学生为中心”的教学理念和教学设计的“四原则、十步流程”解决了技术学科难以渗透育人的难题，得到了广大一线教师和省、市教研室专家的认可。

功夫不负有心人，公彦利先后承担 4 次市级公开课，推广了有关教改成果；先后有 3 项课例获省奖；有 13 项成果获国家、省、市教科研成果或教学成果奖；10 余篇论文在《中国德育》《中国信息技术教育》等期刊发表；参与编写的《山东省信息技术》等 10 余本教材、著作出版。

聚焦课题，做教育科研的探索者

对教师来说，学习研究是通往专业成长的高速路。科学求索世界，躬行历练人生。工作以来，基于对教育教学工作的深入思考，他先后参与了多项教育教学课题研究工作。针对信息技术课堂过于偏重技术传授问题，2017 年，他参与研究山东省教研课题“信息技术智慧课堂文化构建研究”顺利结题；针对初中生道德成长问题，2018 年，他参与教育部校本课程项目专项课题“问题导向德育地方课程开发与实施”研究顺利结题；针对农村学校现状，2019 年，他主持山东省教育科学规划课题“农村小规模学校儿童道德成长路径研究”顺利结题；针对人工智能课程建设问题，2021 年，他参与的市规划课题“市域推进人工智能教育策略研究”结题；针对人工智能教师胜任力问题，2022 年，他主持省规划课题“胜任力视角下人工智能教师成长路径研究”结题。2015 年以来，他先后有“问题导向中学德育课程开发总体设计与实施策略研究”“问题导向德育评价策略研究”“教育大数据背景下区域推进微课资源设计与开发的实践研究”“传统文化教育背景下红色基因传承路径”等成果获临沂市人民政府优秀教学成果奖，2 项成果获省级教学成果奖。

面向课程，做立德树人的先行者

作为临沂市教育局和教育部课程教材研究所共建“基础教育课程综合改革创新实验区”的核心团队成员，他参与了实验区三年发展规划和课改成果提炼，参与 3 次全国现场会的策划准备，助力临沂市以红色教育为代表的课改经验走向全国。作为人工智能教育项目的主要参与人员，他积极落实 2022 年版新课标，开展大单元设计和跨学科主题学习尝试。

从学科育人走向整体育人。“临沂是沂蒙精神发源地，丰富的红色资源蕴含着厚重的德育元素，是青少年成长的营养剂。我们应该积极开展沂蒙精神教育，把红色精神潜移默化形成一代人又一代人的血液和灵魂。”2021 年，他被学校推荐参加“山东省基层人才挂职研修”项目，到市教育局课改办挂职。

期间，他积极参与实验区红色教育项目，利用五个多月时间，系统梳理了近30年来全市沂蒙精神教育实施情况，整理有关资料1500多页，形成2万多字成果报告，组稿20多篇在《人民教育》《中国德育》等发表。在系统研究了100多万字的文献资料和100多所学校实践案例，且在专家的指导下，他提炼出了“纵向一体”“横向融通”区域推进策略，提出了红色资源开发“互哺”理念，助推了中小学红色教育的迭代升级。该成果被评为山东省基础教育教学成果一等奖。他参与提炼的《山东临沂：以区域课程改革综合改革探索红色基因传承模式》入选“2021年中国基础教育年度报告区域典型案例”第一名，该奖项为临沂历史上首次获得。项目有关成果作为教育部《革命传统教育进中小学课程与教材指南》配套经验做法，在教育部网站刊登，并全国推广。

期间，基于教学思考和课题研究的多篇论文陆续发表：2020年，《多元学习共同体助力人工智能教师专业发展》发表在《学苑教育》；2022年，《初中生算法思维培养的困境、致因与对策》发表在《中国信息技术教育》；《红色德育全息化创新实践——信息技术助力革命传统教育的四种打开方式》《弘扬沂蒙精神，培育时代新人—山东省临沂市革命传统教育创新实践》发表在《中国德育》。同时，主编、参编多本著作，如《边玩边学人工智能：给孩子的18堂AI启蒙课》、青岛版《信息技术》、《中国教师核心素养丛书》、《养成教育》、《教育路上且行且思》、《新时代德育新课程》、《新时代德育新成果》等。

引领示范，名师工作室助力学科名师培养

2019年，为全面推广他的教学成果，市教育局为他成立了市级名师工作室。作为主持人，他坚持“围绕名师、打造团队—凝练主题、开展研究—搭建平台、开发资源—提炼成果、形成特色—问题中心、全程参与、引领示范”的建设思路，以项目活动为载体，积极开展人工智能教育人才培养、学科建设、课程开发、教学改革等方面的研究与实践。名师工作室激发每一位教师的自我成长意识，建立反思式的协作学习模式，引导每一位教师走上研究的道路，开展同伴之间

协商性对话、共享性合作，相互激励、互相扶持，通过思维的碰撞、经验的吸收达到共同成长的目的。

在团队的共同努力下，有 3 人获评省讲课比赛一等奖，6 人获评市优质课评比一等奖，3 位教师获得“临沂市教学能手”称号。他先后指导 100 余位教师完成省、市科研课题研究，指导 50 余位教师参与《大阅读丛书》《养成教育》等丛书编辑工作，带动了一批又一批心怀教育梦想的青年教师拔节成长。

岁月流转，初心不改。二十载春秋的风雨兼程，七千个日夜的耕耘坚守，公彦利老师用一路的坚实脚步丈量着教育天地的广阔，用满园的鸟语花香诠释着一名普通教育工作者践行沂蒙精神的初心和梦想！

案例 3　微格研究，让成长更真实

张丽丽，女，小学语文一级教师，1998 年参加工作，大学学历，先后获得兰山区优秀教师、兰山区教学能手、临沂市红色基因传承先进个人等荣誉称号，多次获临沂市教科研成果一等奖、市教学成绩奖等奖项。

作为一名在一线教学 20 多年的小学语文教师，张丽丽坚持以读为本，启发悟性的教学理念，就是在读的过程中启发感悟文章的精妙，打通由读写到体悟的路径，提升自己的悟性，从而较快地提升语文核心素养。她习惯把教育教学中的某一问题作为研究对象，追根溯源，反复实践，直至实现目标，在教学中如此，在个人成长过程中亦如此。这让笔者想到了“微格教学”，笔者想这种成长方式可以叫作“微格研究”吧！

名师成长路径研究锻造思想力

教师的自我发展需要方向引领，这就需要多研究名师的成长经验。余映潮老师曾说过：“研究、学习名师的教学思想、教学风格、教学经验，‘站在前人的肩膀上’，可以让我们少走好多摸着石头过河的路，少走好多羊肠小路，少走好多走进去又退回来的路。所以，就提高教师素质来说，名师研究是很有效益的研究。”小学语文界有很多赫赫有名的人物，于永正、王崧舟、窦桂梅、

孙双金、李希贵、薛法根等等，他们既是张老师心目中的楷模，也是她专业发展的明灯。“备课时，看看他们的文章，就会豁然开朗，茅塞顿开。”而这些名师的教学实录更是她学习的典范，他们的循循善诱、他们的随机应变、他们的课堂生成都值得认真学习和揣摩。

她研究名师的课堂教学语言，搜集名家课堂实录，打印出来研读，思考自己会如何引导和设问；接着是着手改善自己的课堂语言，设计教案时就尽量写逐字稿，并课后整理反思，有意识地关注语言表达。从教 20 多年了，如今的她仍然会在听课时记录下名师的金句。她始终认为，最好的教学语言，是与学生、与文本共生共荣的，在这条路上学无止境。

教育教学理论研究铸就实践力

教书人首先应该是个读书人，教师的精神成长史就是他的阅读史。从教以来，张丽丽从学科阅读走向开放阅读，不仅要读“语文味”书籍，更要读教育学、心理学论著，她开始关注《教师博览》《人民教育》《中国教师》等期刊，阅读《言语教学论》《学与教的心理学》《学习论》等相关论著，向众多优秀的教育随笔、教育评论和教学反思学习，打牢了理论基础。

她曾经给自己制订了教研“三个一”工程：一天必读一本有关教育教学方面的报刊，写出至少 100 字的摘抄或心得；一周至少写出一篇或累计字数为 1000 字的文章；一个月读一部教育教学理论书；一学期至少发表一篇德育（班主任）工作的文章。

所谓“他山之石可以攻玉”，在走出去的机会有限或者距离有限的情况下，她充分利用微信公众号这个较为发达、便捷地了解其他学校的途经，关注了“杭州语文课代表”“语文学习”“人民日报”“人民日报评论”等等质量比较高的微信公众号。“浙江省是应用统编教材比较早的地区，像‘群文阅读教学’‘大单元教学设计’‘整本书阅读计划’等等现在对我们地区来说还处于探索阶段、比较难的问题，他们早已经历了早期研究到了发展的日臻完善的阶段。”

学科德育研究激活思辨力

因为教的是主科，学生每天大约有三分之一的时间和她在一起。这使得她和学生之间可以有更多的时间交流，时刻注意学生语言习惯和学习习惯。学生能从和语文老师的交流中获得愉悦的体验，积累自己的语言素材。

入职以来，因为年年做班主任的缘故，她常常思考语文与德育的融合关联。她心目中的语文有着更崇高的使命——育人。语文，可以是传统文化，是审美价值，是坚守，是尊重，是信任，是人性，是“胸中有丘壑”，是表达自如的欲望，是学生多年后回首依然能感受到触动的力量。特别是在近几年的班主任生涯中，她充分地感受到了语文的力量。她把戏剧单元课设计成班级戏剧展演，鼓励学生自编、自导、自演，他们购置戏服、排练剧本，最终在学校的舞台上大放异彩；设置课前三分钟展示，让学生对时事热点一一品评，关注现实和社会，“小我”终会汇入“大我”的洪流之中。课堂上她欣喜于学生思辨争鸣，纠正了价值观的偏颇。

“教人语文，莫如以语文教人。”人，总是在社会中的。有人的地方，就有江湖，要互动。一个知书达理的人总是会赢得更多的关注、关爱。一个懂得感恩的人，人人都希望自己成为他的贵人。教孩子得先教成人之道，再教成事之道。如果用一句广告语阐释教育理想，她希望是：我们的教育——“没有近视”！

案例 4　坚守教育情怀 成就学生精彩人生

王勇，高中物理高级教师，先后获得山东省优秀教师、临沂市优秀教师、罗庄区优秀共产党员、罗庄区教育教学突出贡献奖、临沂市教学成果特等奖等 20 多项荣誉称号或奖项。

他认为：教育是一项事业，事业的核心在于奉献；教育是一种责任，责任的关键在于热爱；教育是一种科学，科学的要义在于创新。他是这么说的，也是这么做的。工作 25 年来，他用敬业和奉献诠释着他对教师岗位的理解；

他用拼搏和汗水演绎着他无悔的青春；他用爱心和尊重唤醒和成长了一个个鲜活的灵魂；他用执着、勤奋和传承、创新领悟着教学的真谛，使教育教学实践越来越接近于其本质和规律；他用智慧和思考尽情地享受着教书育人的幸福；他用爱和奉献情怀不断谱写着美丽出彩的教育诗篇。他把一批批革命老区的孩子送出了八百里沂蒙，书写了一个又一个动人的教育故事，也把自己的青春和满腔的爱奉献给了沂蒙山区的这一届届学生，奉献给了他所钟爱的高中教育事业。

王勇老师一直奋战在教育教学第一线，担任班主任工作 18 年，连续送走了 11 届高三毕业生。自 2005 年起，他担任年级主任工作，至今已连续负责五届学生 15 年的年级教学与管理。25 年的高中教育生涯中，已为国家培养输送了 4000 余名优秀人才。历届高考，他所带的团队都能超额完成学校下达的指标任务，受到学校领导和老师们的一致好评。尤其是在 2011 年招生生源质量很不理想，大批优秀学生生源进入周边市级学校的情况下，他所带领的年级团队攻坚克难、奋力拼搏，持之以恒，在 2014 年高考中，文化课一本重点过线突破 222 人，其中文、理科超过山东大学录取线人数达 60 人，仅被北京各类重点大学录取人数达 19 人。胡同学以 709 的高分位列山东省第 34 名，被清华大学提前录取，受到社会的高度关注、认可和赞誉，大大提升了罗庄高中教育品优质牌。在继续负责 2014 级高一新生后，他带领年级团队总结经验，因地制宜，因材施教，戒骄戒躁，继续拼搏。在 2017 年高考中，更是创造了罗庄教育史上的辉煌，文化课一本进线突破 355 人，超过山东大学录取线人数达到 92 人。马同学、罗同学分别获得临沂市 2017 年高考理科第一名和第三名，被清华大学提前录取。

其中马同学以裸分 713 分夺得山东省理科第一名，书写了临沂市高考 22 年来的新历史记录，受到市委市政府、区委区政府的高度赞扬。学校被清华大学授予清华大学优质生源基地，校长受邀参加清华大学名校长研讨会。罗庄的高中教育受到了市、区各级领导与社会各界的高度重视和评价，学校实现了进入内涵式发展阶段的新跨越。在 2020 年高考中，他作为学校副校长、年级主任所带领的高三团队再一次创造了高考的辉煌，高考680分以上3人，674分以上7人，其中魏同学被北京大学录取。特殊类型招生控制线（重点本科线）进线再创新高，达到546人，进线率为52%，超全省重点本科平均进线率34个百分点。参加高考的学生共1055人，一段线（本科线）上线人数为999人，进线率高达95%，超全省普通本科进线率50个百分点。在学校教学管理过程中，他始终贯彻立德树人的初心，贯彻为党育人、为国育才的使命，落实学校全员育人，实现了不放弃每一名学生，让每一名学生都成人成才的目标，赢得了社会对学校教育教学工作的一致好评。

王勇老师用大爱和奉献精神，坚守教育初心，谱写了一曲曲“得天下英才而教之”，让人人都出彩的幸福教育乐章。他以“办有味道的教育”为根本价值追求，静心教书、潜心育人，谱写出了一篇篇教书育人的华丽篇章，受到社会各界的高度赞誉。现在他又以实现学校新的跨越为目标，全身心投入学校的教育教学工作，为擦亮罗庄教育金名片贡献自己的力量。

案例5　让科技点亮孩子精彩人生

王克伟，小学信息科技高级教师，现为山东省信息科技兼职教研员、市级名师工作室主持人、教育信息化省级培训专家、省科普教育专家，曾获得山东省特级教师、齐鲁名师、全国十佳优秀科技辅导员、全国优秀科技工作者、山东省教书育人楷模、山东省青年科技奖、齐鲁最美青年等荣誉称号。在山东省率先建立“农村小学创客空间——果壳智造空间”，在临沂市首先开展青少年电子创新和智能控制教育活动，形成的“玩创造乐”的创客教育校本课程体系在临沂市推广应用。带领团队辅导600多名学生参加国家、省市区科技竞赛，获单项奖2000多项，团体奖65项，其中10名学生获临沂市青少年科技创新市长奖及提名奖，20多名学生获得罗庄区青少年科技创新区长奖。主持参与6项国家、省级教育课题，获得国家专利10项。在省级杂志发表科普文章102篇，累计20万多字，出版《玩转物联网与人工智能——基于光环板》《用scratch玩转Arduino：基于Scraino》等7本专著。2012年至今在各级学校做教育信息化、科技创新教育和教材培训报告近百场。多次代表临沂市在全国、全省进行教育信息化、创新教育交流，网易、《大众日报》、山东教育电视台等多家媒体报道教育事迹。

自制自创，开启师生教学相长

农村学校开展科技教育，最难的是资金，王克伟便采取“小步走不停走”的策略，师生以自制和自创为起步方式。从简单的走马灯、小台灯等小制作，到止鼾枕头垫、数码管原理演示器、桥墩防撞预警系统等智能化作品，先后100多件科技作品在各级科创竞赛中获奖。他的科教制作项目也多次在国家获奖。“金属形变随温度变化演示器”“液体张力演示器”等10个项目还获得了国家专利证书。

单一的演示教具和竞赛只能让部分学生受益，为了让每一个农村学生都能爱上编程创造，享受和城市学生一样的科技教育，他主持设计开发了“GKduino电子积木”学具，依托学具开发了“小创客玩转Arduino”和“用Scratch玩转Arduino”两个精品校本课程。该学具的出现，摆脱了市场上高价器材的束缚，使学校一跃成为全市首个全面普及信息技术中开源硬件的学校，农村的学生从那一刻在智能编程上走在了全市的前列。

8年的坚持，他的团队用努力和汗水换来了山东省首个“农村小学创客空间——果壳智造空间”。这样的师生自主创新发展之路逐步破解了农村科技教育以及信息技术课堂上软硬件的瓶颈。

多元活动，构建科技宽广舞台

在发展科技制作项目的同时，他尝试并提出了“课程+项目+竞技”科技教育总体模式，以“引进—帮扶—指导—评价”的团队、课程建设方式，形成了“走进开源时代”“DP901机器人”“奇妙科学探究”“跳动电波”“我的航天梦”等12个科技品牌活动。

其中，无线电测向科技活动结束了临沂市无队伍参加省赛的历史，连续三年捧回了省团队冠军；航模科技活动特色显著，学校被授予了航天科普特色学校；奇妙科学探究活动获得了全国科学教育示范学校。他和团队教师，近10年来累计辅导600多名学生参加各级各类科技竞赛，获单项奖2000多项，团体奖65项，其中10名学生获临沂市青少年科技创新市长奖及奖提名奖，20多名学生获得罗庄区青少年科技创新区长奖及提名奖，120多名学生获得各级科技小明星称号。纵向科技竞赛和横向普惠科技活动全面促进了学生科技创新能力的提升，构建了更加宽广的科技舞台，助推学生在更高的舞台上展现自我。

玩创造乐，燎原少年创新之梦

随着“课程＋项目＋竞技”科技教育总体模式的成熟，王克伟参加了青岛版小学《信息技术》的编写，教材中新增设了图形化编程、开源硬件、物联网、3D打印技术等以编程、设计为主的教学内容。新的教学内容需要新的教学理念，他结合多年科技教育的经验，提出了“玩创造乐”的小学信息技术教学理念，让学生从创作创造中学习。该理念中“玩”“创”“造”“乐”四种学习活动相互联系、相互影响：在内层的循环中，从“创”到“造”是理论到实践的过程，从“造”到“创”是实践深入理论的过程，这是工程师解决问题的思维策略，也是项目作品优化迭代的一个过程，直到解决问题；在外层的循环中，从“玩”到“乐”是玩中学、做中学、玩中乐的一种知识和方法探求的心理过程，从“乐”到“玩”是一种心理的激励，使创造学习中快乐的体验反向促进学生的学习。这是创新心理特质优化迭代的过程。

孜孜不倦，潜心创新教育研究

“以写促学，以写促思”是王克伟专业成长中坚持的理念。教学之余，他撰写了100多篇科普文章，累计超过了15万字之主持“农村小学玩创造乐创客教育课程开发与实施”“小学科技教育与小学生创造力培养研究”“小学生科技创新能力的开发和培养”等省级课题顺利结题，“临沂高都小学科技系列校本课程开发与实施研究”在山东省的教学成果评选中获二等奖。

担当责任，引领各级团队发展

由于在信息技术教育和青少年科技创新教育的突出表现，先后获全国十佳优秀科技辅导员、全国优秀科技工作者、山东省特级教师、齐鲁名师、山东省教书育人楷模、山东省青年科技奖、中国教科院首批STEM种子教师等称号。

2012年至今在各级学校做科技创新教育和教材培训报告60多场，多次代表临沂市在全国、全省进行创新教育交流，网易《大众日报》山东教育电视台等多家媒体报道教育事迹。

为了将他的研究成果在全区、全市乃至全省推广，辐射惠及更多的教师和学生，市区教育部门先后为他成立名师工作室，以便带动更多教师参与到教学研究中来。

谈起获得的这些成果，王克伟最满意的是将科技的种子播在了每一个孩子心中，呵护他们生根、发芽直至绿树成荫，成为点亮他们人生的火石，让他们迸发出耀眼的创新光芒！

案例6　教育的美好姿态

刘畅，中学语文一级教师，2008年参加工作，齐鲁名师建设工程人选，临沂市优秀班主任、市教学能手，多次获得省、市课赛奖项，2018年获国家教学成果奖。主持多项省、市课题，在《语言文字报》《语文周报》等多家报刊杂志发表教学文章，出版独著《文学写作与评论》。

"《后汉书》中司马光曾感慨道：经师易遇，人师难求。可见作为教师也是有成长阶段的。从教十余年，盘点回顾那些逝去的岁月，一些场景，一些面孔，一些瞬间，串起了我生命中平凡却值得珍惜的岁月。蓦然回首，发现在成长路上有三个关键词熠熠生辉：阅读、思考和实践。"

阅读，遇见生命的柔软和美好

苏轼有首诗里写道："人生识字忧患始，姓名粗记可以休。"这里有些自我调侃的意思，但对刘畅来说，正是由识字到阅读，从而认识了自己，丰富了人生，开阔了世界，所以她的生活也注定与文字相伴。

年轻时，她读得最多的就是人文经典类的书籍，在人文经典中不仅开阔了文化视野，更重要的是有了悲天悯人的人文情怀。在文学情境的熏陶和印染中，经过时间的沉淀，一个人的内心会渐渐变得丰富细腻。而对文字保持敏感，表达具有感染性也是作为一个语文教师的基本素养。

教育名师吴正宪曾说过："如果教师只是一架传授知识的机器，那么学生就会远离你，师生之间的情感就是一片空白，课堂必然失去活力。"作为教师，每个人都应该懂一点心理学，这些心理学和教育学的知识会让我们俯下身子，用一颗柔软的内心，以学生的角度看待问题，从而理解学生，发现教育的美好。

作为教师，阅读最终还是要达到融会贯通，就像季羡林大师对年轻人讲的那样，"你们做学问，要达到三个贯通：第一个是中西贯通，第二个是古今贯通，第三个是文理贯通。你做到这三个贯通，那么你的文化底蕴就像金字塔的底座那样变得宽厚、坚实"。而要真正做到这一点，实在是一辈子的功课。

思考，做一根有思想的芦苇

法国思想家帕斯卡尔在散文集《思想录》中写道：人只不过是一根芦苇，是自然界最脆弱的东西，但他却是一根能思考的芦苇……人全部的尊严就在于思考。思考便是对内心的阅读。总结起来八个字"读出自己，读出问题"。

所谓"读出自己"，就是读到自己喜欢的一个词、一段话，就要与自己的生活相联系，通过文章联想到自己相似的生活经历与情感体验，从而产生共鸣。所谓"读出问题"，就是阅读中最重要的产出——思考。当然，即使对书中的内容因共鸣而感动，也不能因迷信、崇拜而关闭大脑的边读边想。要联系实际，想想作者为什么这样说，对现实生活有无针对性，某一方法可否应用到自己的教学实践中去等等。

实现阅读思考最有效的手段就是写作，短至一两句话，再到教育故事，然后是教育反思，论文这些落在纸上的文字都成为思考的结晶体，促使我们不断拨开林林总总教育实践背后的迷雾，寻找到属于自己的教育智慧。

实践，让课堂呈现不一样的底色

语文课堂，很大程度上教的不是知识，不是技能，甚至不是课程，而是一种底蕴。“读有字之书是光合作用，读无字之书是化学反应”作为教师一直关注周围世界，关注身边的教育资源，并尝试整合，构建属于自己的语文课堂。

主题统整教学内容。依据部编本教材“教读—自读—课外阅读”三位一体的阅读体系，按照主题有效选择搭建立体阅读网络，丰富阅读教学中的活动内容，激发学生阅读兴趣，推动阅读教学有效性生成。

立足学情构建环节。刘畅非常认同山东省教科院语文教研员张伟忠博士倡导的“基于学情的阅读教学新课堂”理念。在教学中重视学生的感受、质疑、发现，注重从学生的疑问点、共鸣点入手，用启发式、互动式、探究式策略构建教学环节，打开学生思维，实现与文本对话、与作者对话。

任务主线情境学习。语文具有非常强的实践性，与生活联系密切。课堂上通过丰富多样的学习情境，引导学生完成富有挑战性的学习任务，将课堂、教材、生活进行有效链接，激发学生的好奇心、想象力、求知欲，促进学生自主、合作、探究学习。

肖培东老师说过：“教学，最后是在寻找自我。”多年来刘畅一直行走在教育教学的康庄大道上，进行语文课堂教育教学的改革，那是因为她一直在寻找教育最美好的姿态——让教师成为美的传播者，让学生成为自己内心的守望者。

案例 7　厚积薄发 争做最美教师

宋长英，女，小学语文高级教师，1994 年参加工作，齐鲁名班主任建设工程人选，先后获得山东省优秀教师、临沂市教学能手、罗庄区名师、罗庄区骨干班主任、罗庄区最美教师等荣誉称号。

从教 29 年来，宋长英一直坚持“让每一朵花都绽放 让整个花园都灿烂”的教育主张，精心打造课堂，让学生愉快学习，快乐成长。她关爱、呵护每一个学生，用自己的一言一行影响着他们。为培养智慧、至善、至真、至美的阳光少年，她从以下三个维度入手。

第一个维度是生本课堂。她努力打造轻松、自主、探究、和谐的课堂环境。通过阅读学习领航生本课堂，学生课前自主预习，课上探究共学，课下拓展研学。转换教师角色，成为学生学习的小伙伴，和学生一起组建生长共同体，与学生平等地交流、愉快地探讨，允许学生提出独到的见解、奇妙的想法。多方位评价，创设一种徜徉花园，静待花开的课堂教学环境，让学生的智慧和心灵在百花园里自由飞翔。所带班级的教学成绩据同年级前列，多次获得市区级教学质量奖。多次参加市、省级传统文化课例比赛，分别获得二、三等奖。

第二个维度是班本课程。她在班级中开发并开设了“沂蒙虎头鞋”班本课程。三年来，不论女孩男孩都熟练掌握了打袼褙、剪鞋样、做鞋帮、缝鞋底、绣虎头、上鞋帮等虎头鞋制作流程，并深入了解了沂蒙非遗虎头鞋的前世今生，懂得了其中饱含的沂蒙传统文化和沂蒙精神。虎头鞋课程也取得了丰硕的成果——课程资源获区一等奖；市课题“虎头鞋课程研究”顺利结题。2021 年 4 月虎头鞋班本课程参加全省非遗课程现场会，6 月参加全国劳动教育现场会，学生的现场展示，得到与会领导、老师的一致好评。

第三个维度是自主管理。让每一位学生都有机会成为中心，有机会为自己做主，有机会施展自己的才华。让好习惯伴随终生。在校是成长共同体。她把全班学生分为 5 个共同体——分别以“太阳花、水仙花、康乃馨、菊花、梅花”命名，实行捆绑制，班务分工、习惯养成、合作学习、实践活动等均以共同体为单位进行组织和评价，组内互助，组间竞争，团结协作，共同进步，为学生打造自主成长的空间。回家做红领巾小主人。自己的事情自己做，帮助父母做一些力所能及的家务活。“5+X”小红花评价体系：“5”就是阳光少年、学习之星、运动之星、艺术之星、劳动之星五个奖项；“X”就是在五项评价之外，再拓展的评价奖项（最美小组长、进步之星、文明之星、读书之星等）。通过“学生自评—小组推荐—全班表决”的方式，将学生置身于班级成长大环境，充分发挥班干部和小组长的作用。通过完善的评价体系，让学生自我管理，自我教育，成为最好的自己。

在此基础上，她又开展了“花满园”五个特色活动：实现人人都能绽放，人人都能成功。

第一个特色活动是利用读书节、科创节、国学节开展的“智之花”活动；第二个特色活动是借助体育节、艺术节、合唱节等开展的“艺之花”活动；第三个特色活动是依托重大节日、仪式开展的“礼之花”活动；第四个特色活动是依托重要节日纪念日开展的“爱之花”活动；第五个特色活动是通过“学习二十大 争做好队员”“红色基因代代传”等主题队活动开展的“队之花”活动。引导学生在活动中用“身”去体验，用“心”去感悟，从而内化品格，渐成修养。

她辅导学生参加庆祝建党100周年红色主题教育活动，荣获全国优秀辅导奖；辅导学生参加《当代小学生》征文比赛获得特等奖；辅导学生多次参加市科技节电动自由飞比赛，获得市“科技先进个人”荣誉称号；辅导学生参加山东省青少年科技绘画比赛，获得共青团山东省委、山东省教育厅颁发的“优秀指导教师”荣誉称号。

一分耕耘一分收获，近五年来，宋长英做到了与学生共同发展、共同进步，取得了丰硕的成果。先后主持省、市区级课题研究共计5项之多，并且均顺利结题。每年都研究一项校级小课题。撰写的教学反思、德育论文近6篇先后在《内蒙古教育》《山东教育》《现代教育》《德育报》等省级报刊发表。

第二节　追寻专业理想，增速成长力

教育是为人生打好底色，点亮生命的事业，教师在教育中扮演着多样的角色。思想是根基，理想是嫩绿的芽胚。有思想的教师用良好的情操和执着的追求坚守着自己的精神家园，有思想的教师视野开阔、思维敏捷、思辨力强。思想不会从天上掉下来，它是教师在对专业理想的追寻过程中锻造出来的。

案例 8　行走在“整合”的路上

王龙静，女，初中信息科技一级教师，2013 年毕业于东北师范大学计算机科学与信息技术学院硕士，临沂市初中信息技术公彦利名师工作室、沂蒙名师工作室核心成员，先后获得临沂市教学能手、省市级优质课一等奖等荣誉称号或奖项，主持并参与多项省、市教育科学规划课题。

在课堂教学中磨砺

在教育教学工作中，她遵循“教育源于生活”的教学主张，以科技育人为目标，立足课堂教学，促进教师专业发展。她认为，把零散的内容放置到系统的、整体的或者有意义的情境中，学习将变得更轻松、更深刻。这种结构化的学习是一种深度学习，从系统的角度学习知识，置知识于系统之中，着眼于知识之间的联系和规律，从而达到深度学习的目的。在设计课程时，她坚持以新课程标准为指导，以信息意识、计算思维、数字化学习与创新、信息社会责任这四个方面的核心素养为目标，以大单元教学理念为支撑，设计了一些优秀课例，也取得了一些教学成绩。她设计的课程“引导层动画”“信息与社会”荣获 2016 年、2018 年临沂市优质课评比一等奖；课程“帽子 AI 智能荐”荣获 2022 年山东省优质课评比一等奖；课程“微型计算器”“智能生活”被评为“临沂市一师一优课、山东省一师一优课”；课程“用 AI 守护你”作为优秀课例在教育部“中小学人工智能教育实践研究项目”第一届成果交流展示会中进行展示分享；设计的“认识计算机软件”“计算机硬件系统”等微课程作为精品微课在临沂智慧教育云平台中展示分享；多次在市级研讨会中执教公开课、作典型发言。

在教学研究中成长

开展课题研究不仅能够促进教师进行理论学习，用理论来丰富自己，指导自己的教学，提升专业水平，还可以提高教师的科研素养和专业发展，指导和反思教学活动。为此，王老师积极进行理论和实践研究，把课题研究作为主要成长路径之一。2019年主持临沂市教育科学规划项目专项课题“学校人工智能教育资源开发方法和策略的研究”，从课程建设、环境搭建、师资培养三个层面对人工智能教育校本资源开发的策略进行系统地研究，最终构建出一体化的特色课程、共享化的资源平台、专业化的师资队伍，达到优质化教育资源开发的目的，已顺利结题。参与省级教育科学规划课题“地市统筹推进人工智能教育发展策略及模式的研究”“胜任力视角下人工智能教师成长路径研究”，参与临沂市教育科学规划课题“市域推进人工智能教育策略研究”等，为人工智能的教育教学工作进行了充分地学习和研究。

在同伴互助中提升

名师工作室为优秀的教育者提供了相互学习、交流的平台，借助经验的交流和分享，启迪教师不断反思和创新，提高教育教学水平。名师工作室也为教师们提供了学习新知的机会，借助行业领袖和教育专家的研究成果和经验的分析，使教师们持续学习教育前沿理念，指导教育教学工作。王老师作为市级名师工作室核心成员，先后参与工作室研修活动、课题研究、成果推介等一系列活动，拓宽了自身的理论视野，更新了教育教学观念，大大提升了自身专业能力。在名师工作室研修活动中执教公开课“Python实践活动设计”，作主题为“技术课堂文化育人的实践探索”等典型发言。

在课程研发中升华

随着教育改革的不断推进，为了满足学生个性化发展的需求，促进学校课程的科学化、民主化和经济化，校本课程的设计与开发是对教师的一项考验，也是促进教师专业发展的有效措施。在校本课程的设计开发和实施的过程中，教师需要不断调整自己的教学理念和教学方法，积极探索创新，不断地提高自己的教学能力和专业水平。在10余年的教学过程中，她先后开设“3D打印”“人工智能”等课程的社团课程，设计开发“新科技之窗”“走进3D打印”“micro:bit开源硬件”等校本课程，在培养学生科技创新能力的同时，促进自身的专业发展。

案例 9　享受孩子 享受教育

张艳群，女，初中英语一级教师，2008 年参加工作，先后获得临沂市教学质量奖、河东区优秀教师、河东区十佳班主任、河东名班主任、河东区优秀党员等荣誉称号。

张艳群老师一直相信“教育的本质意味着：一棵树摇动另一棵树，一朵云推动另一朵云，一个灵魂唤醒另一个灵魂”，“让每一位孩子享受学习并走向成功”是她事业追求的目标，“学高为师，身正为范”是她的自律信条。

爱心育德，引领学生健康成长

参加工作以来，她一直担任班主任工作，15 个春夏秋冬和学生一起学习，一起进步。张老师说：“家长把孩子交给了学校，交给了我，我就必须挑起这副担子，无愧家长的信任，无愧于‘人民教师’这一光荣的称号。”现实中，鱼和熊掌往往不能兼得，她只能舍小家、顾大家。正是因为她的一丝不苟、勤勤恳恳的工作作风，得到学校领导的肯定和家长们的称赞和认可。

“教师的关爱，能唤醒学生身上一切美好的东西，激发他们扬帆前进。”她觉得师德之魂在于“爱”，“爱”是教育的前提，是教育力量之所在。她用这种爱去点亮学生的心灯，以真诚的爱去体贴、教育、感化学生，使之沿着健康的道路前行。在实际工作中，她时时处处想着学生：每天早晨五六点进教室，陪伴学生高效晨读；遇到天冷或天热的时候，主动关心学生吃饭穿衣状况；学生生病时，及时与家长取得联系，并领他们去看病……多年来，张老师以这种关爱感染着整个班级，使自己的班级始终洋溢着一股暖流，恰似和风细雨，从而形成了正直、善良、真诚、上进的班风，渗透到每一个学生的心田。

创新管理，促进学生全面发展

班级管理是一项系统的育人工程，只有把学生的积极因素激发出来，才能达成育人效果。作为学生信任的知心大姐，她善于从学生身上挖掘闪光点，善于引导学生扬长避短，从而克服自身短板，向更好的方向发展。每接手一个新的班级，她都会给学生充足的展示机会，以便自己能够了解每个学生的特点。然后通过民主选举，组建一支有爱心、责任心、管理能力强的班干部队伍。这样，她就能放手让学生自主管理班级，自己则做点“幕后”工作。她实施“值周班长”制度，让每个学生都有机会上岗“施政”，实现服务同学、锻炼自己、提高能力的机会。这样的管理方式，赢得了学校领导、同事、家长、学生的一致好评。

案例 10　教育的真相是成长

王鑫鑫，女，小学信息科技一级教师，2006 年参加工作，先后获得临沂市教学新秀、临沂市教学能手、罗庄区科技先进工作者、罗庄区优秀共产党员、罗庄区读书名师等荣誉称号。

王鑫鑫最初踏上教育工作岗位，以为教育工作就是教会学生知识和学习习惯。如今她回过头来看，事实绝非如此。教育，是教师和学生共同成长的过程。只有师生都具备成长性思维，教育才会有进步。在课堂教学活动中，教师通过设置贴近生活的问题情境，让学生探究、体验、发现，在沉浸式学习体验中获得前所未有的知识和能力积累。教师在组织教学的过程中，也学习到更新的教育方法和新的发现。教师与学生成为课堂上的学习共同体，就是成功的课堂。

立足课堂，做教学改革的实践者

作为一名信息科技教师，在多年的教育教学工作中，王鑫鑫坚持“实践出真知”的教学思想，主张“科技知识的学习动力源于现实生活体验”的教学设计，提出“创设源于生活体验的课堂情境”和“科技研究是为了让生活更美好”的教学主张，努力使信息科技成为一门源于生活实践，最终服务于学习和生活实践的学科课程。她紧跟学科工作室团队，第一时间深入学习新课标精神，边学习边思考如何将信息素养渗透到每一节课堂中。例如，在培养编程思维的时候，怎样突破课堂编程的范畴，思考用流程图、算法优化思维解决生活中的问题；在进行三维设计学习时，引导学生从二维图形拓展到三位立体模型，让学生运用逆向思维，用计算机软件制作出生活中的三维物体模型并尝试改进；在生活中遇到各种信息，思考怎样辨别信息的真假，怎样辨别信息的有效性；在学习制作电子作品发布到网络中时，引导学生思考如何培养青少年的网络道德，爱护自己的网络身份；等等。

读书教研，做一名终身成长型教师

终生读书学习，是对一名教师的基本职业要求。在读书方面，她以每年30本书的速度持续学习，所读书目涉及计算机教育类、青少年成长类、教育理论类、人文历史类、个人成长提升类等等。越学习，未知的边界越大，热爱学习、终身成长，踏上自塑之路的教师是有梦想的教师，也是幸福的教师，应对一切未知的方法是学习与思考。大量的阅读之后，她也有了编书、写书的想法，并先后参与编写多本青少年编程类书籍《物联网与人工智能——基于光环板》《边玩边学，给孩子的18堂AI课》《KittenBlock编程实践》《基于人工智能的Python编程》《智慧火花——给孩子的编程课》等。

从教17年，时代在变，知识在变，学生也在变。她喜欢观察课堂里不同性格不同习惯的学生，也喜欢追根溯源。她认为，正是由于不同的家庭，不同的成长环境造成了这些学生的不同表现。家庭对学生的影响竟然大于学校的影响。追随家庭教育研究者的脚步，她大量阅读相关书籍，学习家庭教育课程，认识到学校教育不能到达之处，便是家庭教育、家文化、家教家风。大量不懂如何教育孩子的家长，用言传身教的方式复制上一代的不幸是最让她揪心的，比如批评、指责、抱怨等，培养出的孩子自卑、不专注、沉迷游戏。因此，她乐于传播更多的家庭教育知识，帮助和影响家长认识到做一个学习成长型的家长是家庭能给予孩子的最好的教育。

坚持不懈，与学生一起钻研科创

王鑫鑫充分发挥专业特长，组建校园创客社团，培养一批批学生在电脑编程、智慧搭建、编程机器人、航模、建筑模型等各种竞赛中学习、成长起来。她辅导学生在省、市、区级编程、航模、机器人、科技小制作等各级比赛中累计获奖200余次。这些优秀的学生，带着心中被点燃的科技梦想，进入更高一级的学府，奔向美好未来。

案例11　聚焦发展“三模式”，唱响成长“三部曲”

许菁，女，小学信息科技一级教师，2003年参加工作，先后获得临沂市教学能手、临沂市教育信息化工作先进个人、沂蒙名师建设工程人选、市级优秀科技辅导员等荣誉称号。

深耕课堂教学沃土，唱响成长“主题曲”

“教无涯，学亦无涯。”在多年的教育教学工作中，许菁坚持“至臻至诚，以爱育人”，因材施教，善于引导学生主动探究，及时挖掘学生的思维潜力和创新能力，变“要我学”为“我要学”，提升学生的信息素养，促进学生全面发展。她的课堂，自主探究与合作交流相得益彰，知识学习与素养培养步调一致，2016年获临沂市小学信息技术德育课例展评一等奖，2017年获临沂市微课程评选一等奖，2020年获市小学信息技术优质课一等奖，2021年在“一师一优课，一课一名师”活动中被评为省级优课。2017年到2019年期间多次参加县级公开课，获县教学成果奖、市级教学质量奖。

扎根教科研一线，唱响成长“协奏曲”

对教师来说，学习研究是教师快速成长的有效途径之一。工作以来，她先后主持和参与“创客教育在小学信息技术教学中的实践与探究”“基于学生核心素养的小学信息技术课堂教学策略研究”“双减背景下信息技术与教育教学深度融合有效途径与模式”等研究项目。发表《浅谈小学信息技术与学科整合摭谈》《创客教育在小学信息技术课堂教学中的探究》等教学论文。2019年，获市教育教学信息化大赛一等奖；2020年，获市教育教学信息化大赛融合创新案例一等奖；2021年，获山东省青年教师人工智能教育教学基本功优秀课例。

投身竞赛辅导，唱响成长“进行曲”

她充分发挥专业特长，以爱心、细心、耐心、用心为原则，不断在实践中探索，先后开发电脑绘画、快乐编程、机器人竞赛等课程。学校成立了创客社团，以图形化编程，机器人趣味竞赛等简单的创意设计为兴趣培养基础，鼓励学生敢于创新，勇于挑战，她主动放弃自己的休息时间，充分利用午间休息和下午放学后的时间对学生进行电脑科技兴趣小组的辅导，培养了一批有特长的竞赛学生。2019 年 6 月，获临沂市中小学电脑制作活动指导教师二等奖，先后辅导学生参加临沂市首届创意编程、第二届创意编程大赛，以及 FLL 挑战赛，并取得优异成绩。

案例 12　教育科研铺就幸福成长路

刘玉瑞，男，小学英语一级教师，齐鲁最美青年，山东省中华经典诵写讲专家库专家，先后获得全国美丽青年乡村教师、山东省青年志愿服务先进个人、临沂市教学新秀、临沂市最美沂蒙精神传承人等荣誉称号。

理论联系实际，奠定精准教学基石

任教小学英语学科以来，刘玉瑞就精心研究教育教学方法。因此，在看到山村孩子学习英语更为困难的实际情况后，他就下决心彻底提高班里孩子的英语成绩。一方面刘玉瑞进行大量、深度的专业书籍的阅读，他针对教育教学中的难点问题，通过自费购买、借阅等方式，深度探究相关教育学、心理学及教育教学方法理论，从理论研究中寻根探源，坚持进行阅读笔记；另一方面，他认真参加远程网络培训，以极其认真的学习态度，冒酷暑、潜心参加山东省中小学教师远程研修，对专家的讲解中自己起初不太理解的地方，反复聆听、揣摩，个人多篇随笔发表在省级研修简报上。

理论来源于实践，实践出真知。刘玉瑞深度了解学情，研究并精准掌握每一名学生的学习基础、学习特点、领悟能力等，同时在寒暑假就对教材进行了深度个人备课，在单元主题和学科进阶等多个维度进行研究。在课堂教学中，和学生共同制定了课堂教学规则，大胆致力于英语课堂教学的研究和探索。他采用乐学币积分兑奖等激励机制，调动学生学习积极性。通过定期检查统计评价和结对帮扶法等，刘玉瑞精准掌握了每名学生每一页知识点的掌握情况，并及时进行了精准指导，实现了优等生培养和学困生转化。他不断地进行理论转化和实践求证，再实践、再改进，教学方法受到了学生普遍欢迎，任教班级的英语成绩名列前茅。2020 年，他申报的课程成果“基于学生主体的小学英语情智课堂教学实践与探索”获得沂南县第六届教学成果奖个人成果特等奖，同年他受邀加入杨永梅齐鲁名师领航工作室。

潜心课程研发，走实教育科研道路

刘玉瑞热爱并积极投身教科研工作，2018 年加入沂南县高明团队。作为团队骨干成员，参与教科研、红色研学实践课程研发等工作，参编的 3 部研学实践课程被评为省、市级优秀实践课程。2020 年 11 月，参与教育部课程教程研究所临沂实验区课堂教学改革现场会筹备，带队指导观摩校编写红色教育校本课程 4 册，参与编写革命传统文化进中小学教材读本——《沂南红色印记》。2021 年参与设计的作品获“第二届山东省精品研学创新线路设计大赛”一等奖。2022 年，参与申报的红色教育成果获“山东省省级教学成果奖一等奖”。

任教以来，他坚持课堂教学和学生学习规律、成长规律、学校校本课程建设的课题研究和实践，先后主持了《基于学生主体的小学英语“情智课堂”研究》等县市级规划课题 5 项，参与省级及以上课题 5 项。经过十余年的小学英语课题研究，结合一线优秀教学经验积累和高效课堂教学构建实践探索，刘玉瑞提出了构建“情智融合，高度参与”的小学英语情智课堂的教育主张，即以学生为主体，以着力构建高效课堂的三大系统（文化系统、评价系统、教学系统）为支撑，精心打造寓智于情、以情促智、情智融合、高度参与的小学英语高效情智课堂。以高效课堂为依托，实现新课标的落实和教学质量、学生英语核心素养的稳步提升。在长年课题研究和实践积淀的基础上，刘玉瑞发表国家级学术论文 10 余篇。

坚持立德树人，携手共铸职业幸福

作为党员教师和班主任，他坚守初心、为人师表，扎根山村潜心立德育人 12 载，无论是班级管理还是德育工作，他总能以教育科研的思维去发现、思考问题，分析和解决问题，注重家校社协同育人，在教育幸福这条道路上一路向暖，奋发前行。

教育教学过程中，刘玉瑞坚决服从学校工作安排，勇挑重担，不论是接手全校最大班额学生班级，还是从事英语教学教学的同时，兼任书法社团教学，担任班主任、少先队大队辅导老师等事务，他总能高效率完成工作。刘玉瑞充分结合清明节、端午节、中秋节、重阳节等传统节日，组织少先队员开展“我们的节日”主题教育实践，宣传与弘扬沂蒙精神，教育学生扣紧人生“第一粒扣子”。与此同时，刘玉瑞注重发挥中华传统文化的力量“以文化人”，在学校率先推行《弟子规》国学教育。教学中，他秉承精益求精的原则，每节课只精讲三句经典，学生先跟他一句一句朗诵，随后再结合生活实际给他们讲解含义，再观看弟子规动画故事。刚开始学生还以观看动画片为乐趣，时间长了，学生被刘玉瑞的讲解和动画故事中传递的孝悌情感深深感染了，平时调皮、不爱学习的学生在生活和学习上都有了显著的转变，总有家长反映自己的孩子变得更加懂事听话了。

为人师者，有一份父母心。刘玉瑞关爱学生的学业和身体健康，利用周末和暑假时间，深入山村农户家访，了解每一名学生家庭情况，经常和家长保持交流，共同致力学生全面发展、健康成长。在校期间，刘玉瑞曾不计其数地替不能及时赶来的家长陪护生病学生就医，值班时总能准确察觉学生的身体不适，曾深夜冒雪背发烧学生及时就医等，被当地医生称为“最熟悉的学生家长”，用真心和付出赢得了当地群众的一致称赞。

刘玉瑞加入了志愿服务组织，在个人默默助学的同时，面向全县中小学组织实施了资助困难学生的公益项目，给家庭困难学生提供爱心物资和学业上的指导，帮扶一批又一批沂蒙寒门学子完成学业、走出山区、改变命运。

案例 13　众人行行必远

王晶，女，中学英语一级教师，2011 年参加工作，先后获得区级教学质量奖、区级一师一优课并执教区级初中英语公开课、市优质课比赛二等奖、区初中英语学科研讨会典型发言、区优秀教师等荣誉称号或奖项。

从教 12 年来，谈起自己成长的秘诀，王晶脱口而出“独行快，众行远”。从教那一刻起，她始终牢记教师的初心和使命，以“科学的方法，真情的温度”在教育教学实践中，履行立德树人、潜心育人的使命和职责，在高质量完成本职教学任务的同时，作为教学骨干，带领年轻教师钻研教学业务，教师“走出去”参加教研活动，“引进来”先进的教学理念和方法。

与创新共舞

作为英语老师，她始终坚持以学生为本，注重学生思维的培养。为此，她成立了英语课外阅读“文学圈”，培养学生英语阅读策略方法。环境是学生成长的沃土，为支持学生阅读，她通过营造良好的读书环境，如建立班级图书角、家校沟通等，保障学生的阅读时间。她定期根据课标和教学进度推荐阅读书目，不断拓展阅读范围。她研究制作阅读评价量表，指引学生关注行之有效的阅读方法。通过一系列的举措，培养学生的阅读兴趣，促进知识的积累，最终帮助学生提高英语学科素养。

与团队共成长

在教研上，她担任英语教研组长，始终坚持学科素养为核心，与同行一起探讨研究学科教育实践、课堂教学方式方法，虚心地与其他教师沟通、交流、探讨、合作，并积极承担起培养青年教师的重任，加快学科青年教师的专业成长。她将经验和收获与年轻教师进行分享，帮助年轻教师解决在教育教学上所遇到的各种难题和问题。钻研科研活动，其主持的罗庄区教育科学研究规划课题“农村中学英语课外阅读文学圈运行研究”已顺利结题，完成研究报告《农村中学英语课外阅读文学圈运行研究》和论文《农村中学英语课外阅读文学圈运行》。

与学生结伴同行

作为班主任，她倡导班级民主管理、科学管理，探索新时代班级管理的新方式新方法，积极努力地帮助广大学生系好人生成长的“第一粒扣子”。她与学生一起共同制定班级规范、班级管理制度，让班级里的每位学生都能够参与到班级管理的实践之中，让他们有班级小主人的感觉；倡导真心真情真爱，关心关爱每一位农村孩子的成长，努力争做他们的良师益友。她在日常生活和学习之余，经常与学生进行交心谈话，了解学生的思想动态，开展形式多样的班级文化活动，做好学生的心理指导和关怀，帮助学生形成阳光、健康、快乐的个性。

案例 14 “跨界”的成长之路

付廷红，女，小学数学（美术）教师，2008 年参加工作，美术学学士，郯城县东方红小学首批名班主任工作室成员。先后获得县基本功评比二等奖，市级优课一等奖，县小学优质课一等奖。

作为一名美术专业教师，付廷红毕业后一直担任数学和美术教学以及班主任工作，至今 15 个春秋。在工作中，她一直坚持“教学的艺术不在于传授本领，而在于激励、唤醒、鼓舞”的理念，将爱心献给学生、诚信送给家长、信心留给自我，在平凡的工作岗位上默默地为学生奉献着自己的青春和心血。

有人说：“干一行，爱一行，钻一行。”作为一名小学老师，付廷红深知小学教育对学生身心健康成长的影响，老师的一言一行、一举一动，都可能影响学生的身心健康。所以，走上教师工作岗位以后，她一直坚持谨言慎行的工作态度，认真对待每一堂课。由于大学学的是美术教育专业，走上数学教师工作岗位以后，在做好备课工作的同时，她首先要先听一遍老教师的课，然后自己再试讲一遍，对教学方案进行调整优化，力求教学方案科学合理，然后才展示给学生。这让她在短时间对数学课程教学有了客观的认识，并获得了难能可贵的经验。在教学之余，她通过观看网上的教学视频、数学教案、小学数学教学研究资料等，学习他人的教学方法和手段，将其融入自己的教学之中进行探索，逐渐地形成了适合自己、也适合学生的教学模式。在美术教学中也是如此，她大胆探索和应用新的教学方法和手段，不断增强美术教学的针对性和实效性。在教学中充分发挥学生的主体作用，让学生做课堂的主人，营造简单活泼的气氛，展现课堂的无穷魅力，深受学生的喜爱。

在班级管理中，她注重培养和谐融洽的师生关系，将自己定位为学生的朋友、学习的伙伴，严格贯彻素质教育的理念和要求，营造简单欢乐的生活学习氛围，渗透爱和尊重的情感体验。她特别注重与学生之间的沟通交流，工作中会细致地了解每一个学生的学习状况和思想状况，通过说服教育、家校合作、示范引导、合作监督等方式，帮助学生纠正学习和生活中的不良习惯与思想，为学生的学习和成长创造良好的条件。所带班级班风纯正，学风优良，被评为“优秀班集体”。同时，班级管理中积极贯彻学校的各项要求，组织学生参加教育部门、学校举办的各种比赛活动。

任何一个教师的成长，都离不开研究，付廷红老师亦是如此。2019 她年参加了郯城县教育科学规划研究课题“学生信息素养的现状、调查及提升策略”，2022 年参加了课题“基于建构主义的小学数学教师专业发展研究”。通过这些课题研究，进一步丰富了自己的教学经验和方法，对教学能力和质量的提升也起到了非常重要的作用。

案例 15　扎根沂蒙育桃李 深耕雪域献芳华

王志霞，女，1992 年参加工作，小学语文高级教师，市级优秀教师，区教学能手、教科研能手。先后获得市级优质课评比一等奖，市级教学成果一等奖，市区优秀教学成绩奖等。

初心如磐，三十一载砥砺前行

自从踏上三尺讲台的那一刻，王志霞一直秉承“用心灵教书 用大爱育人”的教育理念，用爱心、耐心、责任心呵护花朵绽放，用汗水、智慧、毅力引领学生成长。她执教学校是沂蒙老区一所百年老校、齐鲁名校，“源于爱 成于行”

的适性教育是这所学校的办学理念。作为教学能手的王志霞一直秉承这一理念，在“适性课程、适性课堂、适性管理”上坚守教育初心，践行教育使命。

无论是在班级管理中，还是在语文课堂上，王志霞都会根据学生成长需要，始终把立德树人的目标放在首位。在班级管理中，她始终贯穿着一个教育目标，那就是让学生成人。学生的一言一行，都被视为向健全人格发展的学习锻炼过程。在课堂教学中，她以学生为主体，激发学生的主观能动性，让学生充分享受学习的乐趣，打造生本快乐课堂。她的课堂深受学生喜爱，在各级评比中也频频获奖，多次获得市、区优质课比赛一等奖和区教学案例评选一等奖等奖项。她教学成绩突出，先后荣获兰山区优秀教学成绩奖和临沂市优秀教学奖。三十一年教书生涯，二十四载班主任经历，让她成为沂蒙精神最忠实的践行者和传播者。

大爱无疆，千里援青育芬芳

“教育，要有温度；教师，要有大爱。”王志霞对“教育之爱”的理解和诠释，体现在她超前的理念和无私的行动中。初秋的沂蒙大地还处在一片炙热之中，她便收拾行装，踏上早已有冬天气息的雪域高原进行支教。第二天，她就感到头晕、头痛、胸闷、呼吸不畅、身体乏力等。面对各种不适应，她没有退缩。吃苦耐劳、无私奉献的沂蒙精神和“两弹一星”精神交互融合，成为她战胜困难的无穷力量。

善研究，重方法，因材施教。王志霞所教的学生刚踏入一年级，还未养成良好的学习习惯，学习成绩也不是很理想。为改变这一现状，她深入了解每一个学生的情况，尽可能地创设开放、鲜活、和谐的教学氛围；精心准备每一节课，生动有趣的课件和视频资料，深深吸引着每一位学生的注意力。通过做游戏、讲故事、猜字谜、搞竞赛等多种形式学习课文，巩固所学内容。为了提升学生的阅读兴趣，她从绘本入手，带领学生进行绘本阅读，让他们徜徉在书的海洋里，渐渐地，爱上了读书，爱上了学习，收获了快乐。

王志霞尊重、关爱每一位学生，细心呵护每一颗心灵的成长，用宽容、理解接纳学生，做学生的知心朋友，师生关系和谐。对学习困难的学生，她进行一对一指导，对他们的点滴进步，会及时给予表扬和鼓励，使学生获得成功的喜悦，帮助他们树立自信；对生活上有困难的学生，她总是给予力所能及的关心和帮助。

重视德育教育，培养学生良好的道德品质。王志霞利用主题班会对学生进行爱国主义教育、民族团结教育等，通过一个个生动的故事，引导学生明白只有手拉手、心连心，像石榴籽一样团结在一起，成长的道路才会更加美好。

感情是人类的灵魂，行为的动力，师爱是教师专业情感的最高体现，是教学活动的原始动力。王志霞老师奉献教育、爱生如子，在援青支教的道路上，一路播种，一路花开，从中感受到了无比的幸福和快乐！

第三节 憧憬未来的世界

教师要想获得职业生涯的成功，就必须在专业成长的道路上，通过有效的职业规划和管理，使自己的知识、能力、信念和价值观沿着崇高的目标不断追求，不断实现。一份合理的专业发展规划，能够让教师看到自身发展的前景，感受到所处环境的巨大发展空间。合理设计发展规划，能够最大限度地挖掘自身潜能，帮助教师解决专业发展中遇到的各种各样的问题，减少发展中的障碍与阻力，促进教师专业发展。

案例 16　以赛促学共成长，当好学生引路人

王可颖，男，初中信息科技一级教师，2003 年参加工作。先后获得临沂市第七届市级教学成果奖，世界机器人大赛国家级辅导奖一等奖，中国航空学会第六届无人机大赛优秀辅导员，临沂市“一师一优课市”优课，罗庄区教学质量奖，优秀科技辅导员等奖项或荣誉。

在多年的教育教学工作中，王可颖坚持计算机教育教学和研究理论与实践相结合的教学思想，主张把枯燥的计算机知识转化成生动有趣的各种比赛和活动，努力使信息科技成为一门以赛促学、学以致用的学科课程。

与竞赛共成长

信息技术教师的专业成长离不开学生信息素养和信息技术能力的提升，而竞赛是提升师生专业知识和能力的重要途径。王可颖主张“以赛促学、以赛促教、学赛结合”教学模式的改革，激发了学生学习及参赛的自主意识、积极性和创新性，调动了教师教学激情与教学改革的积极性。近年来，他充分发挥专业特长，先后辅导学生电脑绘画、微视频制作、信息学奥赛、机器人竞赛、无人机等课程，先后获单项奖 30 多项，团体奖 10 余项。2020 年 12 月获世界机器人大赛中国赛区一等奖，获 2021 年 12 月临沂市第七届市级科技创新教学成果奖，2022 年 8 月被评为中国航空学会第六届无人机大赛优秀辅导员。

未来发展规划

第一阶段，王可颖希望从现在开始，3 年之内能熟练把握本学科的教学目标，全面驾驭新教材，课堂上游刃有余，形成有个人魅力的课堂。

第二阶段，他希望利用 5 年的时间，形成成熟的教学模式，成为一个在自己的专业方面能够独当一面的人，能够独自在教育教学中发现问题，解决问题。

第三阶段，利用 10 年之内的时间，与其他信息教师交流自己的课堂构想，集百家之长，争取能形成团队，成为该领域成为的一名专业化人士，在工作中

能有创新与发展。

“凡事预则立，不预则废。”通过规划发展目标，优化发展路径，一步一个脚印，实现个人发展。

案例17　以名师为镜塑专业发展

王群，男，初中信息科技教师，2018年毕业于曲阜师范大学计算机科学与技术专业。沂蒙名师公彦利工作室成员，河东区初中信息技术名师工作室成员。曾获山东省全民阅读先进典型，镇街先进工作者，河东区优质课讲课比赛二等奖，河东区优秀班主任等荣誉称号或奖项。

作为一名刚刚入职的青年教师，王群热衷于钻研教学，探讨与学生相处之道。他明白，要想成长为一名自己理想中的教师，首先要学会育人之道和教学之道。在班级管理中，他善于发现班级和学生个人的闪光点，抓好教育管理的突破口，因势利导，培养学生的自我管理能力。在教学中，他不断探索灵活、高效的教学方法，孜孜不倦地追求教学艺术，用爱心和耐心教育学生，因材施教，主动热情地帮助学生，注重培养学生团结、勤奋、友善的优秀品质。

2022年，王群由数学教师改回为信息科技教师，成为公彦利名师工作室的入室成员。不久，他就接到了参加区优质课评选的任务，这让刚刚接触信息科技教学的他颇为头疼。正在他一筹莫展的时候，工作室的研修伙伴们纷纷伸出了援助之手。集体“备课—说课—研讨—修改”一套流程下来，他悬着的心终于有了底气。试讲—评课—修改—再试讲……工作室又多次对他的课进行了打磨，最终他成了全区最年轻的优质课比赛获奖者。这次活动，也让他找到了个人专业发展的诀窍，那就是“以名师为镜”。

谈到未来的发展规划，王群表示，他将以信息科技名师工作室为平台，与工作室的老师们一起致力于信息科技教学研究，不断提高自己的专业素质，在教研与科技实践活动中主动学习各种领域的知识、技能，不断构建、丰富自己的知识结构。同时，多辅导学生参与科技竞赛活动，提升学生信息素养。

在工作室的带动下，参与课题研究和教学反思，积极撰写论文，注重课程融合，全方位提升学生的信息素养与科技素质。希望在不断磨砺中，他自己早日成长为教学能手、学科名师。

案例 18　学习共同体助我成长

魏宾宾，男，初中信息科技教师，2022年参加工作，临沂市名师工作室成员。

自我剖析：

魏老师注重培养学生的实际操作能力和解决问题的能力，让他们能够真正掌握所学知识。此外，他还注重与学生沟通和交流，关注他们的学习进度和个人发展，尽力为他们提供全面的教育。

然而，他知道自己也存在一些不足，如过于注重教学进度，而忽略了学生的个性化需求，导致一些学生跟不上进度。因此，在今后的教学中，他将更加注重与学生的互动和沟通，关注每个学生的个性化需求，并采用更加灵活的教学方法来帮助他们更好地掌握知识。

发展目标：

三年目标

1. 能熟练使用适合学生的教学策略组织课堂活动，争取参加区级优质课评比。

2. 积极参与学科教学问题解决与研究，争取参与区级以上课题立项研究。

3. 积极参与学科竞赛课程开发，争取辅导的学生在区级以上竞赛中获奖。

4. 积极撰写教学反思、教学案例，争取在区级会议上作典型发言或在市级以上报刊上发表。

五年目标

1. 课堂上能轻松解决教学问题，形成自己的教学特色，争取在区级优质课评比中获得一等奖或举行区级公开课。

2. 积极参与学科教学改革和实践探索，主持区级及以上课题研究。

3. 辅导学生在市级及以上竞赛活动中获奖。

4. 在省级以上期刊发表 1–2 篇论文。

十年目标

1. 进一步提升自己的专业素养和教育教学能力，争取参加市级优质课评比。

2. 主持研究市级以上教育课题，发表 1–3 篇成果论文。

3. 参加区、市教学能手评选，努力成长为专家型教师。

成长措施：

1. 读书助成长。通过阅读专业书籍、参加教育培训、观摩名师课堂等各种方式，强化理论学习，不断更新教育教学理念。

2. 研究助成长。依托名师工作室，积极参与学科教学问题研究，积极撰写成果论文，积累教学经验，提升专业素养。

3. 反思助成长。做到日思吾行、月思吾效、年思吾果，在不断地反思中进步，在不断地修整中突破。

案例 19　热爱可抵岁月漫长

王小玲，女，初中信息科技教师，沂蒙名师工作室成员。她热衷于信息科技教学教研，获 2022 年山东省教育信息化交流展示活动省、市、区初中组微课一等奖，临沂市、区优质课评比一等奖，区教学质量奖。

自我剖析：

转眼间在平平常常、忙忙碌碌中，即将完成教学生涯的第三个年头。从初入教学的手忙脚乱到如今的满怀期待，王小玲的思想理念和教学心态发生了极大的变化，在成长，在变化，也急需反思改进：创新意识淡薄，教学中对学生独立思考以及动手操作能力的培养不够；教学理论研究和教学时间的结合不够，专业理论知识还不够丰富。之后她将不断加强自我修养，时刻把师德放在心中，以爱贯穿在她的教学中，努力做一名让学校放心、家长安心、学生暖心的合格的老师。

发展目标：

三年目标：争取发表一篇论文或教学案例，举行区级公开课，获评区级“教学新秀”。

五年目标：依托工作室，立项区级科研课题，举行市级公开课，成为学科骨干教师。

十年目标：参加省优质课评选，获评市级教学能手。

成长措施：

1. 以读写为保障。每学期阅读 2 本教育教学专著，结合信息科技学科的特点研读名家关于信息科技教学方面的著作。做好读书笔记。做到认真研读，读有心得。结合教学实践、生活点滴，撰写学习感悟。把所读经典作为反观自身的明镜，端正教育教学行为方式。

2.. 以工作室为依托。充分利用名师工作室资源。听取各种教育、教科研方面的讲座，并撰写心得体会。深入开展校本课题研究。以实践活动为载体，将培训心得渗透在具体的教学之中。充分利用工作室优势，集体研讨，互相学习，提高教学实效。

3. 以反思为引擎。美国心理学家波斯纳提出教师成长的公式是：成长 = 经验 + 反思。在教学中要不断进行反思，从而进入更优化的教学状态，使学生的成长得到充分发展。

案例 20　争做新时代“四有”好教师

宋冬梅，女，小学语文教师，2020 年参加工作。从教以来，一直从事班主任和语文教学工作。

宋冬梅在工作中注重教学方法的研究与创新，坚持以爱心感染学生，以真诚感动家长，教育成绩突出。2020 年、2021 年分别在教育部课程中心实验区红色教育现场会和献礼建党 100 周年联学联建主题党日活动中进行典型经验交流，获“临沂市红色文化示范课堂”一等奖、2022年度临沂市教学质量奖，参与市级规划课题“国学教育走进小学语文课堂的实践研究”。

宋冬梅坚持立德树人根本任务，聚焦学生核心素养、创新课堂教学方式，认真教书、潜心育人，引导学生扣好人生“第一粒扣子”，为学生全面发展、健康成长奠定坚实基础。

案例21 脚踏实地 仰望星空

王洪娟，初中信息科技教师，2013年毕业于辽宁师范大学计算机与信息技术学院教育技术学专业，硕士研究生学历，2021年参加工作。

自我剖析：

为人诚恳踏实，吃苦耐劳，勤奋上进；充满激情，善于沟通，乐于学习；富有责任心，乐于迎接挑战；工作之余，热爱音乐，喜欢运动，喜社交；大学期间，发表专业论文5篇，有一定的研究能力。

发展目标：努力成为一名受学生喜爱的，学生、学校、家长认可的信息科技教师。3年左右在学校崭露头角，向优秀教师迈进；5年左右，在全区小试牛刀，向教学能手迈进；10年左右，在全市有一定影响力，向骨干教师迈进。

成长措施：

1. 持续学习，每学期阅读一本教学理论和一本学科教学著作。

2. 做一名反思型教师，坚持完善自己的教育博客，写出精品日志，记录个人成长经历。

3. 坚持每周听课两到三节，争取在大型的课堂教学活动中提升课堂教学能力，每学期重点锤炼两堂精品课。

4. 紧跟教育发展动态，积极参与大单元教学、跨学科学习的学习研究，坚持做中学、学中做，在实践中总结经验，在学习中提升实践能力。

案例22　课堂内外润物无声

杨丽莉，初中信息科技教师，2019年参加工作，临沂市名师工作室成员。具有4年社会一线工作精力，擅长编程、图像处理、人工智能、深度学习等领域教学与研究。

自我剖析：

取得成绩：罗庄区优质课比赛一等奖；临沂市优质课评比二等奖；市级典型发言。

个人优势分析：教学理念先进，工作中敢于创新、善于创新；积极主动学习，热衷于教科研；注重挖掘课堂教学育人价值，与学生成长同行。

自身不足分析：教学经验不足，教学风格尚未形成，科研能力还需要进一步提高。

发展目标：

三年目标：开展教学研究，立项区级课题；立足课堂教学，积极参与区级优质课评选；尝试撰写教学反思，争取发表1–2篇教学案例或课例；参评区级教学新秀。

五年目标：深入教学研究，立项市级课题；总结教学经验，初步形成个性化教学风格，参加市级优质课评选；积极撰写教学论文，确保有1–2篇论文发表，或参与论著编写；参评区级教学能手。

十年目标：精于教学研究，立项省级课题；课堂教学有特色，能起到一定引领示范作用，争取参加省级优质课评选，举行市级公开课；研究成果丰硕，获市级教学成果奖。

成长措施：

1. 认真制订年度读书计划，每年完成一部教育专著的阅读，并撰写一定的读书笔记或读书心得。阅读教育教学专著，认真研读教育理论专著，有系统的理论基础。

2. 积极报名参加各级各类教育教学竞赛，认真准备，力争好成绩。

3. 积极参加名师工作室活动，在课堂教学、课题研究、论文发表等方面有所提升和突破。争取在读书中求进步，实践中求发展，科研中求突破。

后　记

如何认识教师发展与教师幸福的关系？这是每一位教师必然要思考的问题。突飞猛进的社会变革对教育的发展和教师发展与教师职业幸福提出了新挑战。教师的教育自觉、教师的发展还不足以使教师形成一个配享教育幸福的完善体系，反映到教育实践中，则是教师教育素养的缺失、教师的职业倦怠，教师享受职业幸福的资格无意中从身边流失掉了。当今教师，没有理由不加快价值观念的更新，树立全新的教育职业幸福观和教师发展观，发挥教师教育幸福的优势，建立适应时代发展的教师生命自觉发展体系，走“觉者为师”的教师发展之路。

编写本书的目的是启发教师自身的教育发展自觉，使教师在扩展教育视野、形成教育智慧和获得幸福能力的同时，不断领悟教师幸福的真谛。“觉者为师”的教师发展之路，彰显教师生命自觉和教育专业的特殊性。当教师的发展成为自我人生的自觉之时，教师获得的不只是教学知识、教学技能和教学智慧，而是关于教育的思想、态度和素养，其中充满着教师的教育爱、教育勇气、教育者兴趣和教育激情。“觉者为师”的教师发展理念突破教师专业的发展视域进入生命自觉、道德自觉、专业自觉时，其中的价值取向可以不断引领教师的教育自觉行为，而且也是教师审视自己、他人和学生幸福的内在标准。

“教师发展不等于当下流行的教师专业发展，重在关注具体而丰富的个体，强调个体生命发展的整体性。”教师的发展只有融汇于教育文化自觉以及自我人生自觉之中，才会真正唤起整体育人的自觉，促进人的完整发展，实现人师自我的幸福。也正是在这个意义上，我们在讨论本书的编写意图时，从人类的普遍幸福意义入手，坚持将教师的自觉发展与教师职业幸福联姻，并且作为一条主线贯穿本书的始终。

书中记录着于漪、霍懋征等很多名师的教育思想、研究和经验……他们捧起激情不灭的教育理想，怀揣平凡岁月里踏踏实实的浪漫，将事业中的困难一次又一次地踩在脚下，远眺前方美丽的风景，享受着为人师的幸福。

本书的编写者在撰写过程中，在学术思想的表达、实践智慧的展现、编写意图的落实、逻辑与风格的统一方面做了不懈的努力。在坚持教育专业性、基础性的同时追求实用性和可操作性，目的只有一个，就是为广大教育者，尤其是一线教师提供学习的线索，引发深度思考，引发教师的自觉发展、教育幸福和幸福生活的自觉追求与践行。

参加本书的编写者及其任务分工分别是：第一章由王龙静、王可颖、陈青刚、许强负责；第二章由张艳群、刘畅、王群、杨丽莉负责；第三章由王鑫鑫、王洪娟、王英美、王春英负责；第四章由王志霞、许菁、许强、司常娟负责；第五章由杨艳艳、宋长英、宋冬梅、孙花霞负责；第六章由付廷红、潘升泰、刘兴芝、刘敏、杨丽莉负责；第七章由王晶、王勇、刘玉瑞、朱祥慧负责；第八章由苗成彦、公彦利、张丽丽、刘敏负责；第九章由公彦利、苗成彦、张丽丽、刘新鑫、赵欣、刘健负责撰写。全书由公彦利、苗成彦、张丽丽负责策划、统稿。各位副主编、编委参与了多次审校及修改工作，部分编写者提供了精彩的个人成长案例。这些案例也有力地证明了名师的成长途径是可资借鉴的。

本书的编写得到了山东省教育科学研究院原副院长李文军等同志的大力帮助和指导，各章节作者所在单位对本书的编写给予了关心和支持，我们深表谢忱！在本书的撰写过程中，我们也学习了许多同行的研究成果，在此表示衷心的感谢。同时，本书引用了部分专家的经典观点，如有不妥，请及时告知，我们立即修正。

本书的读者大致可分为四类：一是一线教师，他们是迫切希望走出职业倦怠、渴求职业幸福的人；二是从事教师教育的工作者、研究教师教育的理论工作者，他们希望得到教师发展与教师幸福的较系统的理论支持；三是教育管理者，包括学校校长、教师的评价者，他们急切弄清教育质量、教师发展和教师幸福之间的关系，期待教育转型问题的有效解决，实现教育的和谐发展和科学发展，不断提升教育的品质和教育的魅力；四是不从事教育工作，但对教育抱有兴趣或与教育有密切关系的人，包括记者、编辑和学生家长。教师发展的人生学一直面向特殊群体——教师、教育管理者的教师教育学，而没有成为面向大众的教师幸福观。这种缺失恰恰成为教师发展研究的新的空间。

用人生幸福和人生自觉的眼光看待教师发展的价值，身体力行所坚守的教育自觉，是本书编写者的选择。我们殷切期望广大读者不吝赐教，以使我国教师发展的教育理论和实践研究更上一层楼。

参考文献

一、专著类

[1] 吕德雄，张炳生，陈美卿，等 . 陶行知师德理论及其当代价值 [M]. 北京 : 人民出版社，2010.

[2] 赵志毅 . 德育原理与方法 [M]. 北京 : 人民教育出版社，2013.

[3] 高德胜 . 时代精神与道德教育 [M]. 北京 : 教育科学出版社，2013.

[4] 叶澜 . 教育概论 [M]. 北京 : 人民教育出版社，1991.

[5] 内尔・诺丁斯 . 学会关心：教育的另一种模式 [M]. 于天龙，译 . 北京 : 教育科学出版社，2003.

[6] 吴安春 . 德性教师论：创造型教师的专业发展 [M]. 北京 : 人民教育出版社，2003.

[7] 内尔・诺丁斯 . 幸福与教育 [M]. 龙宝新，译 . 北京 : 教育科学出版社，2009.

[8] 王传金 . 教师幸福论 [M]. 济南 : 山东人民出版社，2009.

[9] 肖川 . 教师的幸福人生与专业成长 [M]. 北京 : 新华出版社，2008.

[10] 汤勇 . 做一个卓越而幸福的教育者 [M]. 北京 : 教育科学出版社，2012.

[11] 叶澜，等 . 教师角色与教师发展新探 [M]. 北京 : 教育科学出版社，2001.

[12] 教育部师范教育司 . 教师专业化的理论与实践 [M]. 北京 : 人民教育出版社，2001.

[13]B・A . 苏霍姆林斯基 . 给教师的建议 [M]. 杜殿坤，译 . 北京 : 教育科学出版社，1984.

[14] 裴自彬，彭兴顺 . 名师是怎样炼成的 [M]. 北京 : 中国轻工业出版社，2011.

[15] 檀传宝 . 走向新师德：师德现状与教师专业道德建设研究 [M]. 北京 : 北京师范大学出版社，2009.

[16] 曾建胜，苏文木 . 做有智慧的教师 [M]. 福州 : 福建教育出版社，2011.

[17] 金生鈜 . 教育研究的逻辑 [M]. 北京 : 教育科学出版社，2015.

[18] 李云会 . 教育研究与教师成长 [M]. 长春 : 东北师范大学出版社，2010.

[19] 科恩 . 自我论：个人与个人自我意识 [M]. 佟景韩，译 . 上海：三联书店，1986：394.

[20] 陈友松 . 当代西方教育哲学 [M]. 北京 : 教育科学出版社，1982:135.

[21] 赵昌木 . 教师成长论 [M]. 兰州 : 甘肃教育出版社 ,2004:36.

[22] 陈建华. 基础教育哲学 [M]. 上海 : 文汇出版社，2003:290.

[23]B・A . 苏霍姆林斯基. 给教师的建议 [M]. 杜殿坤，译. 修订版. 北京：教育科学出版社，2005.

[24] 桑新民 . 呼唤新世纪的教育哲学：人类自身生产探秘 [M]. 北京 : 教育科学出版社，1993.

[25] 孙正聿. 哲学通论 [M]. 修订版. 上海 : 复旦大学出版社，2005：301.

[26] 冯建军 . 教育的人学视野 [M]. 合肥 : 安徽教育出版社，2008:143.

[27] 高德胜 . 生活德育论 [M]. 北京：人民出版社，2005:404.

[28] 马克思 .1844 年经济学 - 哲学手稿 [M]. 北京：人民出版社，1979:56.

[29] 克里希那穆提 . 一生的学习 [M]. 张南星，译 . 北京：群言出版社，2004:22.

[30] 杜彦武 . 地方大学数学教育与基础教育互动发展研究 [M]. 长春：吉林出版集团股份有限公司，2019：258.

[31] 莫提默・J . 艾德勒 , 查尔斯・范多伦 . 如何阅读一本书 [M]. 郝明义，朱衣，译 . 北京 : 商务印书馆，2004.

[32] 冯建军 . 生命与教育 [M]. 北京：教育科学出版社，2004:185.

[33] 苗成彦，徐正烈 . 美好教育之道：县域教育特色化发展研究 [M]. 青岛：中国海洋大学出版社，2020.

[34] 苗成彦 . 追寻真正的教育 [M]. 海口：南海出版公司，2019.

[35] 李楠 . 沂蒙精神代代传：革命传统教育进校园区域实践 [M]. 济南：山东科学技术出版社，2022.

[36] 朱成广 . 孝贤琅琊：沂蒙古今人物 [M]. 济南：山东科学技术出版社，2022.

[37] 唐凯麟 . 西方伦理学名著提要 [M]. 南昌：江西人民出版社，2000：292.

二、论文类

[1] 叶澜 . 论教师职业的内在尊严与欢乐 [J]. 思想理论教育，2000（5）.

[2] 姚虎雄 . 回到常识 : 再谈“素养为重”[J]. 人民教育，2014（14）.

[3] 吴安春，朱小蔓 . 对创造性教师的研究 [J]. 上海教育科研，2002（5）.

[4] 叶澜 . 让课堂焕发出生命活力——论中小学教学改革的深化 [J]. 教育研究，1997（9）.

[5] 郭戈 . 论教育的兴趣 [J]. 中国教育科学，2014（3）.

[6] 陶西平 . 构建以学生为主体、价值为导向的课堂文化 [J]. 中小学管理，2012（9）.

[7] 龚孟伟 . 试论当代教学文化的唤醒、回归与自觉 [J]. 课程 · 教材 · 教法，2012（3）.

[8] 李政涛 . 教育呼唤“生命自觉”[J]. 人民教育，2010（23）.

[9] 成尚荣 . 学校文化呼唤“深度建构”[J]. 人民教育 ,2011(20):8–11.

[10] 于泽元，田慧生 . 教师的生命意义及其提升策略 [J]. 课程 · 教材 · 教法，2008（4）.

[11] 檀传宝 . 做一个配享幸福的教育家 [J]. 人民教育，2014（17）.

[12] 苗成彦 . 做“觉者之师”, 走出教师专业化发展困境 [J]. 中小学教师培训，2015（5）:8–10.

[13] 冯建军 . 教育幸福 : 教师专业发展的重要维度 [J]. 人民教育，2008（6）:23–26.

[14] 李富刚 . 论“生命”意义下的教师发展 [J]. 考试周刊，2013（66）:16–17.

[15] 李明高 . 幸福课堂 : 意蕴、特征与建构 [J]. 课程 · 教材 · 教法，2010，30（2）:41–46.

[16] 陈明，张家胜 . 专业发展视域中的教师幸福 [J]. 教书育人，2012（13）:31–33.

[17] 姚虎雄 . 回到常识 : 再谈“素养为重” [J]. 人民教育，2014（14）:67–69.

[18] 王啸 . 论道德教育的幸福功能 [J]. 当代教育科学，2010（14）.

[19] 朱永新 . 朱永新 : 教师是教育之本 [J]. 云南教育（视界综合版），2012（2）:27–29.

[20] 纪淑云，白洁 . 幸福在哪里 [J]. 北京教育（德育），2011（10）:27–29.

[21] 黄世忠 . 行走在从“教者”到“师者”的路上 [J]. 基础教育研究，2015（3）:5–8.

[22] 曹新美 . 寻找教师职业幸福的魔方 [J]. 人民教育，2014（18）:30–33.

[23] 扈中平 . 教育何以能关涉人的幸福 [J]. 教育研究，2008（11）:30–37.

[24] 孟建伟 . 教育与幸福：关于幸福教育的哲学思考 [J]. 教育研究，2010（2）:28–33.

[25] 孟建伟 . 教育与幸福 [J]. 科技中国，2018（1）:92–97.

[26] 潘蕾琼 . 聚焦学校教育 建设幸福社会：教育之幸福本性再思考 [J]. 课程教学研究，2013（7）.

[27] 龙宝新 . 教育 : 为了幸福的事业——论诺丁斯的幸福教育观 [J]. 基础教育，2012，9（1）.

[28] 张晓星，张晓畅 . 学校教育中运用混合学习模式进行公民教育 [J]. 才智，2011（11）:141.

[29] 冯光 . 论幸福教育与和谐德育的内在关联性 [J]. 现代教育科学，2013（9）.

[30] 孟建伟 . 教育与幸福 [J]. 教育研究与评论（中学教育教学），2010（5）:91.

[31] 李剑 . 教师道德剥离与复合 [J]. 当代教育科学，2014（4）:11–14.

[32] 王家军 . 学校管理的伦理本质 [J]. 首都师范大学学报（社会科学版），2008（3）:105–110.

[33] 樊浩 . 教育的伦理本性与伦理精神前提 [J]. 教育研究，2001（1）:20–25.

[34] 闫良国，杜斌，于海琴 . 仰望星空，做关心世界和国家命运的人 [J]. 中国教师，2008（15）:25–27.

[35] 高峰 . 幸福教育 : 一种人性教育的回归 [J]. 中国教育学刊，2007（10）.（10）：28–32.

[36] 许永刚 . 生命 · 智慧 · 幸福 : 教师角色的新内涵 [J]. 现代教育科学，2016（1）:31–37.

[37] 刘次林 .“幸福教育”论的 100 个观点（一）[J]. 校长阅刊，2006（9）:24–26.

[38] 刘次林 . 教师的幸福 [J]. 教育研究，2000（5）:21–25.

[39] 扈中平 . 教育何以能关涉人的幸福 [J]. 教育研究，2008（11）:30–37.

[40] 曹立新，姚高学 . 让教育充满幸福的生命体验 [J]. 中国成人教育，2008（5）:127–128.

[41] 檀传宝 . 论教师的幸福 [J]. 教育科学，2002（1）:39–43.

[42] 冯光 . 创造幸福的德育过程 [J]. 江苏高教，2004（4）:85–87.

[43] 徐敏 . 谈幸福课堂之“教师幸福场”的建构 [J]. 中国校外教育，2019（27）:42.

[44] 郭戈 . 兴趣是最好的老师：关于教育者的兴趣 [J]. 基础教育论坛，2014（20）.

[45] 孟建伟 . 教育与生活：关于“教育回归生活”的哲学思考 [J]. 教育研究，2012，33（3）:12–17.

[46] 陆小峰 . 教师职业幸福的来源及实现途径 [J]. 中小学心理健康教育，2014（9）:4–6.

[47] 公彦利 . 红色德育全息化创新实践：信息技术助力革命传统教育的四种打开方式 [J]. 中国德育，2022（6）:74–77.

[48] 王春英 . 试论教育信念对教师发展的作用及其构建策略 [J]. 辽宁教育，2019（4）:56–58.

[49] 黄正平 . 教育信念：教师专业发展的内在要求 [J]. 当代教育论坛，2002（4）:74–77.

[50] 杨艳玲 . 教师信念及其对教师专业成长的意义 [J]. 四川理工学院学报（社会科学版），2010，25（2）:96–98.

[51] 李拉，侯秀杰 . 教师信念的实质及意义 [J]. 现代教育科学（中学校长），2007（2）:57–58.

[52] 黄正平 . 教育信念：班主任专业化的核心 [J]. 人民教育，2007（23）:29–31.

[53] 刘俊其 . 对教师教育哲学素养的再认识 [J]. 现代中小学教育，2009（11）:56–57.

[54] 徐廷福 . 教师的专业服务精神及培育 [J]. 中国教育学刊，2006（3）:72–74.

[55] 陈名树，宋善炎 . 教育家型教师培养：价值意蕴、实践困境与推进路径——基于社会认同理论的视角 [J]. 中小学教师培训，2023（3）:1–6.

[56] 冯建军 . 教师与教育哲学 [J]. 当代教师教育，2011，4（1）:1–5.

[57] 郎华儿 . 教师的教育哲学素养的基本内涵初探 [J]. 教书育人，2005（11）:29–31.

[58] 郎华儿 . 中学教师素质片面化现象的透析 [J]. 牡丹江教育学院学报，2005（3）:22–23.

[59] 陈洁梅 . 构建教师个人教育哲学探析 [J]. 现代教育论丛，2008（8）:76–79.

[60] 刘俊其 . 对教师教育哲学素养的再认识 [J]. 现代中小学教育，2009（11）:56–57.

[61] 王坤庆 . 教师专业发展的境界：形成教师个人的教育哲学 [J]. 高等教育研究，2011，32（5）:22–28.

[62] 刘济良，刘燕楠 . 哲学之思：教师的智慧品性 [J]. 教育研究，2008（10）:53–58.

[63] 郭晓娜 . 教师教学信念研究的现状、意义及趋势 [J]. 外国教育研究，

2008（10）:92–96.

[64] 何芳．幸福观教育的哲学思考 [J]. 江苏大学学报（高教研究版），2006（1）.

[65] 于海波．论教师的哲学素养 [J]. 社会科学战线，2011（9）:210–213.

[66] 李海燕，张莉．论教师信念及其成因 [J]. 现代教育科学，2007（6）:65–66.

[67] 岳伟，王坤庆．人：哲学与教育学的契合点——关于教育学为什么需要哲学的思考 [J]. 教育研究与实验，2005（3）:5–8.

[68] 朱晓宏．论哲学之思与教师专业发展 [J]. 教育研究，2007（10）:25–28.

[69] 王维审．觉者为师 [J]. 基础教育论坛，2015（14）:28.

[70] 冯建军．教育幸福：教师专业发展的重要维度 [J]. 人民教育，2008（6）:23–26.

[71] 冯建军．教师与教育哲学 [J]. 当代教师教育，2011，4（1）:1–5.

[72] 叶文梓．觉者为师——教师专业化的超越与回归 [J]. 教育研究，2013，34（12）:97–101.

[73] 陆军．论“教学即研究”[J]. 教育理论与实践，2014，34（26）:3–5.

[74] 徐君．立足自我：教师专业可持续成长的最佳选择 [J]. 课程·教材·教法，2008（2）:77–81.

[75] 姚冬梅．立足自我：大学生可持续成长的核心理念 [J]. 知识经济，2010（1）:66–67.

[76] 宋明钧．优质教育与教师专业发展 [J]. 全球教育展望，2006，35（11）.

[77] 徐君．自我导向学习：农村教师专业发展的有效途径 [J]. 教师教育研究，2009，21（3）:17–22.

[78] 宋明钧．反思：教师专业发展的应有之举 [J]. 课程·教材·教法，2006（7）:74–78.

[79] 李先军．自我建构——教师专业成长的必然要求 [J]. 山西教育．教育管理，2005（11）:18–19.

[80] 李广平，于杨，宫勋．自我导向性学习与教师专业发展 [J]. 外国教育研

究，2005（6）:42–46.

[81] 高德胜 .“文明的勇敢”与教育的勇气 [J]. 全球教育展望，2012，41（1）.

[82] 高德胜 . 论爱与教育爱 [J]. 教育研究与实验，2009（3）:1–6.

[83] 吴永军 . 论教师专业发展的德性维度 [J]. 教育发展研究，2008（10）:24–28.

[84] 刘达中 . 基础教育为人力资源强国奠基 [J]. 人民教育，2010（23）:6–8.

[85] 李霞 . 读书、科研和写作 : 教师职业生存的必备方式 [J]. 中国音乐教育，2010（11）:51–52.

[86] 徐吉志 . 找准教师专业发展的阿基米德支点 [J]. 四川教育，2006（6）:16–17.

[87] 刘达中 . 基础教育为人力资源强国奠基 [J]. 人民教育，2010（23）:6–8.

[88] 郭子其 . 读书——教师专业成长的必由之路 [J]. 中小学教师培训，2012（8）:27–30.

[89] 王从 . 教书匠 PK“研究型教师”: 读赵晓瑞的《教书匠有何不好》有感 [J]. 内蒙古教育，2009（15）:14–18.

[90] 刘广选 . 研究型教师——路在脚下 [J]. 教育艺术，2012（10）:77.

[91] 鞠九兵 .“智性”: 语文教学中的境界追求 [J]. 上海教育科研，2012（12）:81–83.

[92] 史献平 .“双减”之下课堂教学知性、理性与诗性研究 [J]. 教学与管理，2022（10）:1–4.

[93] 余慧娟 . 教学改革的方向性思考 [J]. 人民教育，2011（1）:33–37.

[94] 田保华 . 道德课堂的内涵与建构策略 : 郑州市基础教育课程改革的理念与实践 [J]. 中国教育学刊，2011（3）:55–57.

[95] 田保华 . 关于道德课堂建设的三个追问 [J]. 课程 · 教材 · 教法，2014，34（1）:21–25.

[96] 成尚荣 . 教学风格的认识与追求 [J]. 人民教育，2007（20）:38–41.

[97] 许书明 . 当代语文名师教学艺术风格 [J]. 中学语文，2015（7）:11–15.

[98] 李源田，朱德全，杨鸿 . 试论名师教学风格的养成 [J]. 上海教育科研，

2010（3）:62–63.

[99] 张天宝 . 教学风格的形成过程与条件 [J]. 湖南教育，2001（2）:26–27.

[100] 徐琳 . 在模仿中成长，在反思中进步：浅谈英语青年教师自身发展 [J]. 新课程（上），2018（2）:222.

[101] 李如密 . 教学风格的内涵及载体 [J]. 上海教育科研，2002（4）:41–44.

[102] 赖红英 . 个性化语文的韵味 [J]. 教育，2014（25）:56.

[103] 克里斯托夫・戴，陈彦旭 . 保持激情 : 成就优秀教师 [J]. 教育研究，2009，30（3）.

[104] 方健华 . 名师专业成长的规律、影响因素与机制：基于名师成功人生的解读 [J]. 教育发展研究，2011，31（Z2）:70–78.

[105] 方健华 . 教师专业成长的土壤、空间与路径：以江苏名师为例 [J]. 当代教育科学，2007（Z1）.

[106] 陈俊 . 探寻名师成长规律 提升教师队伍素质 [J]. 中小学校长，2012（11）:12–15.

[107] 论点摘编 [J]. 语文建设，2009（6）:14–15.

[108] 王毓珣 . 名师概念及特征辨析 [J]. 天津市教科院学报，2005（4）.

[109] 郭戈 . 兴趣是最好的老师：关于教育者的兴趣 [J]. 课程・教材・教法，2014，34（1）:29–31.

[110] 张育梅 . 关于教师的教学兴趣之我见 [J]. 中国科技创新导报，2012（4）.

[111] 安文铸 ."当代学校课堂文化建设" 解读 [J]. 中小学管理，2012（9）:14–15.

[112] 洪发林 . 数学教学 : 走向生命化课堂的建构设想 [J]. 中国数学教育，2010（17）:2–3.

[113] 肖川，马朝阳，曹专 . 生命教育的内涵、价值与实施路径 [J]. 人民教育，2013（24）:12–15.

[114] 李政涛 . 生命自觉与教育学自觉 [J]. 教育研究，2010，31（4）:5–11.

[115] 苗成彦 . 做教师，就做立德树人"大先生"：记山东省教书育人楷模、

临沂桃园中学教师公彦利 [J]. 山东教育，2023（8）.

[116] 苗成彦，公彦利 . 和合共生 守正出新：临沂二十二中“生命 · 实践”教育探索纪实 [J]. 山东教育，2014（Z6）:4–11.

[117] 公彦利 . 多元学习共同体助力人工智能教师专业发展：以山东省首批人工智能教育试点市临沂为例 [J]. 学苑教育，2020（24）:7–8.

[118] 公彦利 . 初中生算法思维培养的困境、致因与对策 [J]. 中国信息技术教育，2022（13）:96–98.

[119] 常力源 . 课堂道德与道德课堂 [J]. 人民教育，2007（6）:12–13.

[120] 李楠，公彦利 . 弘扬沂蒙精神，培育时代新人——山东省临沂市革命传统教育创新实践 [J]. 中国德育，2022（8）:50–53.

[121] 徐廷福 . 美国教师专业伦理建设及启示 [J]. 比较教育研究，2005（5）:83 .

[122] 朗华儿. 教师的教育哲学素养 [J]. 江西教育，2006（21）:29.

[123] 石中英 . 论教育哲学的必要性 [J]. 教育研究与实验，2002（2）.

[124] 朱新卓 . 本真的教育理念 : 教师专业发展的重心 [J]. 高等教育研究，2007(9).

[125] 解成君 . 读书，理应成为教师的经典动作 [N]. 中国教师报 · 教师生活周刊，2011–01–12.

[126] 陈娟 . 周国平、李鸿谷对话大学生：做自己读书的主人 [J]. 中国教师，2013（1）.

[127] 罗儒国 . 幸福是教学的重要价值取向 [J]. 中国民族教育，2009（4）.

[128] 王鉴 . 课堂重构 : 从“知识课堂”到“生命课堂 [J]. 教育理论与实践，2003（1）.

[129] 郭翠菊 . 论教学唤醒 [J]. 河南师范大学学报（哲学社会科学版），2007（4）.

[130] 张育梅 . 关于教师的教学兴趣之我见 [J]. 中国科技创新导报，2012（4）.

[131] 李建军 . 教学主张 : 教师专业发展的内在维度 [J]. 教育科学研究 .

2009（1）.

[133] 袁炳飞 . 让师生都成为幸福生活的人 [J]. 人民教育，2004（21）.